中式雅生活与文化康养

吕锡琛 编著

中南大学出版社
www.csupress.com.cn
·长沙·

图书在版编目(CIP)数据

中式雅生活与文化康养／吕锡琛编著. —长沙：
中南大学出版社，2022.6(2024.4重印)

ISBN 978-7-5487-4813-7

Ⅰ. ①中… Ⅱ. ①吕… Ⅲ. ①闲暇社会学－中国
Ⅳ. ①D669.3

中国版本图书馆 CIP 数据核字(2022)第 016630 号

中式雅生活与文化康养
ZHONGSHI YASHENGHUO YU WENHUA KANGYANG

吕锡琛　编著

□出 版 人	林绵优	
□责任编辑	沈常阳	
□封面设计	毛　寒	
□责任印制	唐　曦	
□出版发行	中南大学出版社	
	社址：长沙市麓山南路	邮编：410083
	发行科电话：0731-88876770	传真：0731-88710482
□印　　装	广东虎彩云印刷有限公司	

□开　　本　710 mm×1000 mm 1/16　□印张 13.75　□字数 177 千字
□互联网+图书　二维码内容　PDF 3 个　视频 2 小时 28 分钟 43 秒
□版　　次　2022 年 6 月第 1 版　□印次 2024 年 4 月第 2 次印刷
□书　　号　ISBN 978-7-5487-4813-7
□定　　价　38.00 元

中式雅生活掠影：一管在手百虑消（摄影：李野墨）

中式雅生活掠影：弦歌悠扬愉性情（摄影：唐胜利）

内容提要

　　人的健康与情绪密切相关。中医强调"上工治未病"、养心为上、情志养生；中国先贤在"经、诗、茶、拳、唱、琴、棋、书、画、游"的中式雅生活中修身养性。作者根据多年对其中相关内容的研究和践行的体会、经验，同时吸纳专业人士和国内外的相关研究成果，对蕴含于中式雅生活中的生命智慧和康养功能进行阐发与提炼，提出集休闲、养德、健心、强身于一体的"文化康养"模式，并广采历史上特别是孔子、白居易、陆游、苏轼等文化寿星的"文化康养"生动事例，情理并茂，雅俗共赏，以图"汇聚正气""涤荡心灵"，为国人提供健康优雅而又趣味盎然的休闲康养之道。

目 录

绪 论   *1*

  第一节　长寿之秘何处寻   *2*

  第二节　文化康养是良方   *4*

  第三节　雅生活中践康养   *6*

第一章　中华经典中的康养智慧   *9*

  第一节　顺应自然性命安   *11*

  第二节　阴平阳秘精神治   *15*

  第三节　养正祛邪抗病患   *18*

  第四节　调神去怒少忧烦   *21*

  第五节　虚静恬淡养气血   *23*

  第六节　慈爱互助得寿康   *31*

第二章 诗词中的康养智慧   45

第一节 诗歌怡情史久远   46

第二节 宣气励志慰众生   49

第三节 抒怀平意长精神   51

第四节 摄生诗词启世人   57

第五节 对症寻方自安然   60

第三章 歌唱的康养功能   72

第一节 啸歌调养有古法   72

第二节 放歌免疫调脏腑   77

第三节 奋情愉心葆青春   82

第四章 音乐和古琴的康养功能   89

第一节 五音疗疾的奥秘   90

第二节 琴韵悠悠养形神   93

第三节 音乐调治开新域   102

第四节 依情选曲五脏宁   106

第五章 弈棋的康养功能   112

第一节 益智健脑强记忆   113

第二节 制怒忘忧怡性情   119

第三节 人生如棋悟人生   120

第四节 迷棋有"弊"宜"救弊"   124

第六章　书法的康养功能　　127

第一节　古今书家多高寿　　127

第二节　抒情解郁致虚静　　129

第三节　练气修德畅心神　　132

第四节　意力并用健身心　　135

第五节　挥毫养心循方法　　138

第七章　绘画的康养功能　　142

第一节　丹青康养有功效　　142

第二节　一管在手百虑消　　147

第三节　舒筋活络强体魄　　152

第四节　胸含万物胆气豪　　153

第八章　饮茶的康养功能　　159

第一节　饮茶延年源流远　　159

第二节　保生健体多裨益　　162

第三节　茶性有别宜斟选　　165

第四节　清和宁静爽精神　　169

第五节　茶道文化致和静　　172

第九章　太极拳的康养功能　　176

第一节　形神兼修气贯通　　177

第二节 改善机能抗衰老 178

第三节 运气调神修心性 182

第四节 把握要领细揣摩 184

第十章 游憩的康养功能 188

第一节 旅游强身拓境界 188

第二节 "散游"忘我启心智 193

第三节 "冥游"释神天人合 199

第四节 "游心"越困得自由 202

第五节 "卧游"娱情通天地 204

结语 雅健休闲福寿长 207

后 记 209

绪　论

　　健康长寿是人们孜孜以求的美好心愿。党和政府积极推进的健康中国建设，可谓是万众瞩目的民心工程！近 30 年来，中国人的健康水平虽有很大程度的提高，平均寿命也不断延长，人均预期寿命从 68 岁增长到了 77 岁，但是，国人的健康状况仍然不容乐观。据 2020 年发布的《中国国民健康与营养大数据报告》所载：70% 的中国人存在过劳死的危险，20% 的中国人患有慢性病，高血压人数有 2.7 亿，76% 的白领处于亚健康状态，全国癌症新发病数占全球四分之一。而湖南省癌症防治中心发布的"2021 湖南省肿瘤登记年报数据"显示，湖南省恶性肿瘤发病率总体呈上升趋势，去年新增恶性肿瘤例数约 18 万例；心血管疾病的病死率排第一，癌症排第二。特别是在全球新冠肺炎疫情肆虐、生活压力日益增加的情形下，如何呵护自己的生命与如何生活得更加健康，成为现代人类日益关注的话题。

　　早在 20 世纪 80 年代，中医泰斗、享年 103 岁的邓铁涛先生就对未来医学发展提出构想，他提出要实行"上工治未病"，以养生保健为中心，使人们过得更加愉快、舒适、潇洒。他还设想，以"保健园"的形式逐步取代医院，医学除了属于科学范畴，还要从人体的健康需求上升到精神需要的美好境界。医学、文学、美术、书法、音乐、歌舞、美食、药膳、气功、武术、健康旅游、模拟的环境、梦幻的世界……将成为"保健园"的重要组成部分。邓老的这一设想是否有道理呢？让我们看一看下面的分析。

第一节　长寿之秘何处寻

人们都很想知道，长寿之人的特征及分布领域。数据显示，寿星的桂冠往往为中国传统文化领域内的大家或对传统文化多有修养者所摘取。

我们首先将眼光投向历史。在生活艰难、医疗资源缺乏、瘟疫流行、战乱频繁的中国古代，人的平均寿命只有 40 岁，但有些人却远远超过平均寿命，如孔子 72 岁、庄子 83 岁、孟子 84 岁、孙思邈 141 岁、欧阳询 84 岁、柳公权 87 岁、陆游 85 岁、黄公望 85 岁、文徵明 89 岁、黄宗羲 85 岁；再看看现代社会中的长寿者：齐白石 93 岁、冯友兰 95 岁、梁漱溟 95 岁、季羡林 98 岁、冰心 99 岁、巴金 101 岁、杨绛 105 岁、南怀瑾 94 岁，萧龙士、邓铁涛、饶宗颐、叶曼更是年过百岁……回望这些寿星可发现，他们的人生千姿百态，也多有坎坷，但几乎都是光彩夺目的文化大师。

大师中为何有这么多寿星呢？这无疑是一个令人感兴趣的问题。笔者认为，其中的秘诀可以从中国优秀传统文化中寻找。中国文化追求阴阳调和、心志平和、与人为善、乐观豁达、恬淡寡欲、宠辱不惊，重视心性的修炼，形成了以儒释道医的经典为灵魂，包括诗、茶、拳、唱、琴、棋、书、画、游等活动的中式雅生活，它饱含生命智慧和生活哲理，以闲适、诗意、艺术和觉醒为主要特征，既是充满美感、丰富多彩的艺术活动，又是修身养性、健体强身的康养之功，帮助人们看懂世态人情，看淡名利浮沉，勘破生老病死，从容豁达度光阴。文化大师们优游于这些生命智慧之中，健康长寿也就理所当然了。

因此，如何更好地继承并弘扬先贤的这份宝贵文化遗产和生命智慧，帮助现代人类走出健康的误区或盲区，是当代学人义不容辞的课题。近年来，中式雅生活得到不少人的推崇和向往，还有不少专业人士和专家学者在以上各领域开展深入研究，通过各种方式围绕《黄帝内经》《道德经》等经典或相关活动讲学授课。但是，如何结合健康养生这一热点话题，对中式雅生活的具体内容和康养功能作出论述，特别是从文化康养的视角，系统、综合地阐发这些高雅、健康的休闲活动的怡情养生功能，还值得进一步讨论和深入研究。在本书付梓之时，笔者读到中医泰斗邓铁涛先生关于以"保健园"作为未来医学发展方向的构想，即2005 年在他的学术思想国际研讨会上所做的主题报告，原来邓老早已为人类的医学和养生保健指明了方向。更让笔者喜出望外的是，本书提出的文化康养思路与邓老关于"保健园"的设想多有契合。

多年以来，医学界专业人士担负着十分繁重的治病救人任务，新型冠状病毒的突然袭击更是让他们心力交瘁，因此，"保健园"依然还停留在"未来医学"的美好蓝图中，令人遗憾。①

所幸的是，国家出台了与康养相关的诸多政策，各种类型的康养小镇正在规划或建设之中。笔者多年学习和研究中华传统的修身养性智慧，又是钟情于以上多项活动的业余爱好者，更是中式雅健生活方式的

---

① 值得关注的是，湖南省肿瘤医院于 2007 年成立全国首家临床心灵关怀部，党委副书记刘小红教授亲自领衔，设医护组、心理组、艺术组、慈善组、外援专家组，为患者、家属和医务工作者在患病、受伤、悲痛或临终时提供心灵关怀服务。通过心理治疗、灵性照顾、音乐治疗、阅读治疗、手工制作坊、绘画治疗、催眠治疗、茶疗愈等方式，并应用医学哲学、医学伦理学、医学心理学等理论及实践方法，为当事人调整情绪，缓解压力，树立信心，使其配合治疗。医院设有"古琴学习小组"和香道、花道等学习组，每个病房设立了"心灵茶馆"。医院还不定期举办"心灵音乐会"，参加者包括医务人员、医学生和肿瘤患者及其家属。笔者曾作为特邀嘉宾参加他们举办的第 36 期"心灵音乐会"，医护人员在表演中展现的仁爱情怀和艺术修养深深地打动了我和在场观众。以上这些工作，为促进医患关系，探索富有人文关怀的新型医学模式做出了积极的努力，目前正在湖南省乃至全国推广，令人鼓舞。

受益者，虽然还身兼国家社会科学研究项目等任务，但毕竟是在体制上告别了教学和科研岗位的散人，因此，尝试对以上课题做些探索，可谓是有缘有幸而又当仁不让。

第二节　文化康养是良方

养生的方法成百上千，但无论是中国古代的《黄帝内经》和众多养生典籍，还是现代中西方的心理学和医学研究，都不约而同地意识到，在众多养生方法中，养身是辅助，养性是根本，养生的最高境界是养心。现代医学的研究成果证明，90%的疾病与情绪有关，心血管疾病、癌症这两大中国人的健康杀手都与生活方式特别是与心理因素密切相关。[①]这是因为，心理状态和情绪会影响人的内分泌水平：积极的情绪和心态会让人分泌出有利于健康的激素，而焦虑、抑郁、浮躁、怨恨、愤懑等负面心理和精神状态，则会产生有害的压力激素；负面情绪在心中长期积累，就会危害人的身心健康。

这样说有什么科学根据呢？我和大家分享一个近年的科学研究结果：2009年诺贝尔生理医学奖得主伊丽莎白·布雷克本（Elizabeth Blackburn）长期钻研端粒现象与效应，她发现，正是端粒的长短控制了细胞和人体的寿命。她与人合作，撰写了一本震撼世界的书——《端粒效应》。书中指出，每个人的端粒变短的速度是不一样的，端粒越长的人越年轻、健康，越短的人就越快衰老，患病的风险也越大。端粒由什么决定呢？是人体中的端粒酶，但端粒酶不应从外界摄入，因为那样会导致其他细胞的恶性分裂，可能导致癌症。什么因素才能促进身体内产生端粒酶呢？是乐观积极的情绪。那是什么导致端粒酶下降、端粒变短

---

① 唐江澎：《90%的疾病与情绪相关》，《快乐养生》2019年第7期。

呢？是长期的生活压力，特别是面对压力而产生的负面情绪，如敌意、悲观、臆想等，特别是抑郁。这一研究从科学实证的角度阐明了负面情绪的危害性。[①] 可见，乐观积极的情绪是多么重要，这也印证了养心为上、养神调心这一中国传统养生智慧是多么富有前瞻性的观点。

然而，我们看到，目前社会上的康养活动很多还停留在"养形"，即养护躯体健康的层面，未能深入或较少提升到"养心"的境界；不少人把眼光聚焦在躯体的锻炼保养和疾病的医治，而忽略了心性层面的养生保健，一些人不能合理地调控自己的情绪，不时被抑郁、焦虑、暴躁、封闭、孤独等负面情绪所伤害；一些人一味追求感官享乐，甚至为此而通宵达旦、"娱乐至死"；一些人为了缓解不良情绪而大吃大喝，导致肥胖或出现"三高"后又后悔郁闷或胡乱吃药，形成恶性循环；一些老人或陷于孤独空虚，或被各种家长里短所烦扰，或过度为儿孙操劳而疲惫不堪……

这一切，都在不同程度上损害身心，虐待生命！不得不让人忧心忡忡！我们真该好好地思考和反省：在滚滚红尘中，如何善待宝贵的生命？如何安顿我们的心灵？

在这方面，中国传统养生文化为我们留下了宝贵的资源，古今贤达之士也为我们树立了成功的榜样。如何继往开来，守正创新？本书试从文化康养的视角进行探索。这里所说的文化康养，是与躯体养生相异而又相联的中华传统修身养性的一系列理论和方法，重在发掘中国优秀传统养生文化中的"治未病"、养心为上、存养正气、阴阳平衡、身心和愉、依仁游艺、生德相养等生命智慧，从养心这一关键层面来调整和改善身心健康。

---

① 代冲：《端粒和端粒酶的研究》，《黑龙江科技信息》2013 年第 28 期。

第三节　雅生活中践康养

本书提出的文化康养并非纸上谈兵，而是中华传统修身养性调心的一系列智慧和方法。具体包括以下内容：中华经典中的康养智慧；诗词中的康养智慧；歌唱的康养功能；音乐和古琴的康养功能；弈棋的康养功能；书法的康养功能；绘画的康养功能；饮茶的康养功能；太极拳的康养功能；游憩的康养功能。

以上十大方面综合构成了古圣先贤和文人雅士闲适、优雅、健康的休闲生活，它们既是精神文化层面的养生活动，也反映出道德的修养、审美的追求和文化的品位，是集真善美于一体、平实而又恬淡自足且可滋养身心的健康休闲方式。它们反映出了中国人"成为习惯的精神价值和生活方式"（余秋雨先生关于文化的定义）。也可以说，它们体现出了孔子"志于道，据于德，依于仁，游于艺"的文化追求和教育理想，即以"道"为志向并贯彻到心中，以"德"为根据，以"仁"为行为准则和凭借，而优游于礼、乐、射、御、书、数"六艺"活动之中，使人能够得到全面、均衡的发展，从身、心、灵多个层面陶冶性情，成为国人所尊崇、向往的文质彬彬的君子，获得无怨无悔的美好人生。

以上十大方面又是相互联系的：中华经典是中华优秀传统文化的结晶，是中式雅生活的灵魂，它的思想精华渗透和指导着诗词、歌唱、琴道（音乐）、弈棋、书法、绘画、茶道、拳道、游憩等各个方面，而这些具体活动又蕴含或展现着经典的精微妙意。诗词饱含和传播着经典的智慧；书画追求静气、沉稳、平衡；茶道讲求静、朴、自然；太极拳向往天人合一、内外兼修、柔和自然；音乐和古琴皆力图达到和谐、高洁、平和的心态，古琴之雅韵也须在静心时体悟和表现；游憩更崇尚与天地自然的沟通与相契；棋理之奥秘则在于"穷则禁、禁则变、变则通、通则终"，这与《易经·系辞下传》"穷则变、变则通、通则久"的道理是相通的。

　　大部分中国人都爱喝杯清茶、唱段小曲、弹琴对弈、吟诗作画、游山玩水，但仅仅将其作为一般的消遣或娱乐活动，与自觉地将它们作为促进身心健康、提升精神品质的高雅生活追求相比，这两种态度的效果是大不相同的。从文化康养的视角来看，喝茶不仅能解渴，而且要针对不同体质选择不同的茶叶才能更好地发挥其养生保健的作用，茶文化还能让人们感悟人生智慧，缓解工作和生活压力，培养平和心态；游憩也不仅只是从此处行到彼处，"上车睡觉，下车拍照"，还有调心启智的"散游"、精神超越的"游心"、天人相合的"冥游"等多重价值；太极拳也不只是从外表活动一下筋骨，而是内含天人合一、对立统一的哲理，集调气、修心、养德于一体的"终生不尽之艺"；诗词、歌唱、琴、棋、书、画等活动更是都包含着丰富的文化内涵和生命智慧，以及修身养性之功能。

　　从文化康养的视域来审视中式雅致且健康的休闲方式，有助于我们更积极、主动地发挥它的养心健身功能，从而更有效地保持身心健康。这是从现代健康养生理论的高度，将精神文明建设和培养美好心灵融入"康养"的活动之中，在修身养性的层面推进中国的大健康事业。它向人们彰显：与人为善、乐观豁达、谦虚平和等美德以及修心养德不只是社会的要求，更是内在生命的呼唤，是保持身心健康的需要。它呼唤人们，做自己生命的主人，形成"我命在我不在天"的生命自觉，而不再将健康和生命一味地托付给医院、医生或他人。特别是在2020年以来新冠肺炎疫情此起彼伏，保持社交距离、宅家独处可能成为常态的形势下，这些成本低廉、方便易行而又能够自得其乐的休闲方式，更应成为人们明智的选择。

　　今天，去大医院看病难、看病贵的问题，养老的问题已成为民众必须直面的难题，党和政府也在陆续出台诸多缓解措施。但必不可少的却是从我做起！防病于未然，调治于未病，寻找自得其乐的积极养老方式，这是最为便捷有效的缓解方式！正如原卫生部副部长殷大奎先生在"我的健康我负责"的演讲中所说："只治不防，越治越忙；只治不防，花钱心慌；只治不防，痛苦悲伤！"这段话发人深省，可谓是一位资深医务工作者关于防病治病的精辟总结和深刻告诫！人生难得，生命有限，健康无价！不少人付出大把金钱和时间去塑身美容，去买名装和名包，为什么不设法让自己的灵魂更加有趣，让心灵更加美丽，由内而外地散发出优雅气质呢？人们愿意花费巨资购买、装修住宅、保养豪车，然而，最该保养和珍惜的却是宝贵的生命，最有价值的是让自己的生活过得健康优雅，多彩多姿！

休闲学研究表明，健康优雅的休闲方式深刻地影响着人的身心健康和精神风貌。中式雅健休闲是魅力四射、滋养身心的休闲方式！几十年来，我虽然只是行走在这个智慧生活之海的浅滩上，但几滴甘泉足以深受其惠！同时，我在国外传播这些生命智慧的过程中，也深深地感受到它同样也滋润了异域人士。如今，作为年近古稀之年的老人，我越发体验到这些智慧的魅力和实效！它启示人们失意时释然，得意时淡然，遇挫时坦然，成功时惕然，生病时安然，衰老时自然。我盼望和大家分享、交流这些生命智慧，让我们在滚滚红尘中安顿好自己的身心，给生命增添精神营养和能量，让宝贵的生命更为优雅、健康、快乐、精彩！

第一章

中华经典中的康养智慧

　　中华经典是中国文化的源头活水，是中国人安身立命的精神支柱，蕴含着丰富的生命智慧。千百年来，这些智慧不仅滋养了中华民族，而且惠及了更多的生命。

　　众所周知，一代天骄成吉思汗当年横扫欧亚大陆。但是，你可能不知道，在戎马倥偬的日子里，他曾在自己的行宫中无比恭敬地向一位老人请教长生之药。这位老人就是成吉思汗派人专程不远万里去山东请来的全真道领袖丘处机。丘处机秉持济世救民的博大胸怀，利用成吉思汗请他传授养生之道的机缘，以 73 岁之高龄毅然应召。他率领 18 名高徒，不远万里，历时两年多，他们翻越雪山、走过沙漠，一路上遇盗贼、过危城，涉过尸横累累的战场，走过绝无水草的死域，门徒赵九古甚至病逝于途中。丘处机也曾生病，七天不食，只靠喝开水、静坐炼气来延续生命。一路上车马劳顿，受尽常人难耐之苦，历尽乱世难忍之危。但即使经历两年多艰辛的跋涉，这位已是 75 岁高龄的老人竟然还是鹤发童颜，精神矍铄，让成吉思汗敬佩不已。当成吉思汗求问长生之药时，丘处机回答说，并无长生之药，只有养生之道，其精华就是清心寡欲、止杀修德。成吉思汗听从了丘处机的教导，在一定程度上减少了杀戮，丘处机被后人赞誉为"一语止杀"。这个具有重要意义的历史事件充分显示出了道家养生之道的功效和魅力。以上清静、寡欲、修德等养生思想正是从道家经典《道德经》中提炼出来的。

中华经典的光辉更是穿越了时空：世界著名小提琴大师梅纽因一直以《道德经》中的智慧来平衡自己的身心，他认为，老子的话语有助于保持心理的平衡，是自己的生活指南。几十年来，他一直将《道德经》随身携带，视之为"最值得经常拿出来看看的著作"，这本被翻旧了的德文版《道德经》伴随他走遍了世界。

关注生命、探究生命的奥秘是中华经典的重要内容。儒家经典强调善养浩然正气，仁爱守和，惩忿窒欲，扶危济困；道家经典教导人们顺应自然，豁达包容，以柔克刚，收敛放纵的心神，节制感官享乐的欲望，让内心归于平静，回到心灵深处的精神家园；佛家经典倡导活在当下，持守正念，放下执着，培养定力；中医经典持守顺应天道，阴阳平衡，扶正祛邪，心志平和，俭啬寡欲，上工治未病，主张情志养生。这些思想和方法都为历代中国人提供了心理保健和精神安慰的良方。特别是成书于2000多年前的中医经典《黄帝内经》，开篇就对生命的本质进行了追问和思考，提出了"形与神俱""度百岁乃去"的健康目标。

在《黄帝内径》的"上古天真论"中，假托黄帝之口，向岐伯请教养生长寿之道："余闻上古之人，春秋皆度百岁，而动作不衰；今时之人，年半百而动作皆衰者，时世异耶？人将失之耶？"意思是说，古人为何活过百岁还腿脚灵便，而今人年岁半百就动作迟缓，这到底是时代环境不同，还是人的生活有过失？这段问话可谓穿越千古，道出了今人心中的疑问。

对此，岐伯回答："上古之人，其知道者，法于阴阳，和于术数，食饮有节，起居有常，不妄作劳，故能形与神俱，而尽终其天年，度百岁乃去。"意思是说，上古时代的人中，那些懂得养生之道的，能够取法于天地阴阳自然变化之理，而加以适应、调和养生的办法，使之达到正确的标准。饮食有所节制，作息有一定规律，既不妄事操劳，又避免过度的房事，所以能够身心平衡，形神合一，活到天赋的自然年龄，超过百岁才离开人世。这是怡养身、心、灵乃至整体生命的健康生活方式，它让人精气神十足，健康百年。

在这段对话中，最重要的原则就是顺应天地阴阳自然变化之理，这其实也是道家的代表作品《道德经》的基本原则——顺应自然。

第一节　顺应自然性命安

《道德经》的作者老子认为，天、地、人是相互联系的整体，"道"产生和主宰着天地万物，是宇宙造化之本源和根本规律，人必须顺应万物的本然之性和内在规律。《道德经》第五十一章说："道生之，德畜之，物形之，势成之。"大意是说，"道"生长万物，德蓄于万物，蓄养万物，让万物好好生长，顺利发展，"德"乃是"道"贯通、落实于万事万物而存于万物之中的本性，"是以万物莫不尊道而贵德"。所谓尊道，即尊奉"道"这一世界本源和根本规律；所谓贵德，即遵循"道"落实于个体的本性和道德实践层面及社会生活层面的伦理道德要求。可见，"道""德"是生命的根源，它们蓄养生命，而不是外在的强制。

老子将顺应自然作为基本的原则，强调"道法自然"。"道法自然"的意思是，"道"的法则是自然而然，本来如此，启示人们遵循事物的内在规律和本然之性。人的生命活动与天地自然息息相关，人体要依靠天地提供的物质条件而获得生存机会，发育成长，因此要顺应生命和自然的变化规律。

《黄帝内经》发展了这一思想原则，作者认识到，人与天地万物紧密相连，自然界的气候变化必然会影响人体，使之发生相应的变化，人顺应自然规律行事方可体态安康，是为"天人相应"。该书的《素问·四气调神大论》说："故阴阳四时者，万物之终始也，死生之本也。逆之则灾害生，从之则苛疾不起，是谓得道。"故《灵枢·本神》将"顺四时而适寒暑"视为智者的养生之道，即要遵循天地四季的变化，与周边的环境相协调，才能避免病邪的侵袭。比如，夏天炎热，本该出汗，不宜把空调开得很低；冬天寒冷，要养阴闭藏，但如果把暖气开得很大，或者常做剧烈运动，大汗淋漓，都是不符合以上养生原则的。

《黄帝内经》中还提出了顺应四时的具体养生措施：春季是生命萌发的时令，此时应该入夜即睡觉，早些起身，披散头发，解开衣带，使形体舒缓，放宽步子，在庭院中漫步，精神愉快，胸怀开畅。夏季是自然界万物繁茂秀美的时令，此时应该在夜晚入睡，早早起身，不要厌恶长日，情志应保持愉快，切勿发怒，要使精神之英华适应夏气以成其秀美，使气机宣畅，通泄自如。秋季是万物成熟而平定收敛的时令，天高风急，地气清肃，人应早睡早起，以保持神志的安宁，减缓秋季肃杀之气对人体的影响；收敛神气，以适应秋季容平的特征，不使神思外驰，以保持肺气的清肃功能。冬天是生机潜伏、万物蛰藏的时令，应该早睡晚起，待到日光照耀时起床才好，不要轻易地扰动阳气，妄事操劳，要使神志深藏于内，安静自若；要躲避寒冷，求取温暖，不要使皮肤开泄而令阳气不断地损失。

春生夏长、秋收冬藏，一年四季的气候和阴阳变化有特定的规律，人体也必须适应自然界的四时变化来维持生命活动。否则，人体生理节律就会受到干扰，抗病能力和适应能力就会降低，即便不感受外邪致病，也会导致内脏功能失调，从而发生病变。

更进一步说，顺应自然还要求人们要顺应自己的特性。每一个生命都有自己的价值，要认识自己，顺应和发挥自己的特性。道家对于天地万物有一种悲天悯人的情怀，他们以平等之心、包容之心、仁爱之心来对待一切。老子强调物各有性，应当去除偏执，包容无弃。《道德经》第二十七章说："是以圣人常善救人，故无弃人；常善救物，故无弃物。"高明的人能够以宽容的胸怀理解和接纳各种人物，善于顺应各人的特性而施教，故能够教育和拯救不良者，使人尽其才，而没有被遗弃之人；能够顺应物情，使物尽其用，而没有被遗弃之物。这强调要充分尊重人的本性，人各有性，应该因性而为。

这些话语的确饱含生命智慧。很多研究结果表明，人的特性是多样的，每个人都有发挥才能的天地，不应以某种固定的标准作为衡量人才的尺度；而当人们找到适合自身个性的活动时，也会从中体验到无穷乐趣，从而全身心地投入工作，拥有更多属于自己的快乐。因此，不要盲目与他人攀比，不要以统一的模式和标准来评判自己，否则，只会让自己陷入沮丧之中，无法活出自我，从而郁闷压抑，焦躁不安。

如果我们以《道德经》尊崇本性、"无弃人"等主张来看待自己和众生，就会消解不少忧闷，甚至发现特殊的人才。智力障碍儿童常被人视为累赘，但不少弱智者却有着非凡的美术或音乐才能，能创作出高水平的艺术作品。如作曲家罗忠镕智力障碍的儿子罗铮从未上过学，语言表达能力也很差，却有极好的音乐记忆力和领悟力，更有着极高的绘画天赋，他画的还是抽象派画，将现代音乐的意境用图画表现出来，7年中陆续画了290幅油画，无一重复，甚至还常常表现出令人意想不到的惊人之笔。又如，从穷山沟里被江苏卫视《最强大脑》节目组发现的22岁农村青年周玮，原本被鉴定为"中度智力障碍"，却是一位数学天才。他尤其擅长开方、乘方运算，仅心算1分多钟就破解了16位数字开14次方的难题，出题者上海交通大学数学系的一位副教授也"甘拜下风"，这种非凡的心算能力令人吃惊。

天地之间，每个人都是独一无二、无可替代的。这是大自然赐予的礼物，值得每个人都好好地珍惜。清代文学家、诗人袁枚的《苔》："白日不到处，青春恰自来。苔花如米小，也学牡丹开。"苔花虽微小如米，无馥郁的芳香，无绚烂的色调，但是它不自怜、不自卑、不自弃，即使身处阴暗潮湿之处，依然从容自若，自信自强，也像艳冠群芳的牡丹那样，绽放于天地之间。我们要尊崇本性，活出真我，成为自己，更好地完成天赋的使命，让生命之花更加灿烂。

我们的身体是具有自愈能力的，顺应自然还启示我们减少人工干预，发挥人的自愈功能。这与现代生态学中的"自然恢复法"有异曲同工之妙。

顺应自然的养生之道和治疗原则日益成为人类的共识。美国著名医生曼戴尔松博士（Robert S. Mendelsohn, M. D.）在 1980 年出版了《一个医学叛逆者的自白》（Confessions of A Medical Heretic），该书由美国的华纳出版社出版，再版过无数次，拥有无数读者，该书的副标题是"如何捍卫自己的生命，不受化学药物和医院的伤害"。它的宗旨是鼓励人们认清情况，真正的医疗应该是"回归自然"。书中认为，西医对抗治疗的原理和原则太过人工化，离天然或自然越来越远；很多化学药物具有不良反应，可能会杀死患者自身的免疫细胞，致使细菌发炎的情况比以前更严重，甚至最后发生癌变；过度人工化、公式化、僵化必将毁灭别人也毁灭自己。因此，曼戴尔松博士主张医疗应该少加干预，发挥人的自愈功能。①

最新的科学研究成果更是深刻地印证了"顺应自然"原则对于人类健康的重要性。2017 年诺贝尔生理学或医学奖颁发给了研究"控制昼夜节律的分子机制"的三位科学家，他们的获奖理由是，解释了许多动植物和人类是如何让生物节律适应昼夜变换的。也就是说，体内生物钟调节着人的行为、激素水平、睡眠时间、体温变化等，和人的健康息息相关。他们通过精密的实验得出结论：熬夜会打破人

---

① 参见 Robert S. Mendelsohn, M. D；Confessions of a Medical Heretic，Warner Books Edition，1980，第 39 至 42 页、第 281 至 282 页；张绪通：《了解医学的真相》，医学教育网（www. med66. com）。

体内精妙的生物钟，降低人的免疫功能，还将损伤大脑。调节生物节律的关键基因失效后，还会促使肿瘤的发生。如果顺应身体生物钟的规律安排起居活动，拾遗补缺，身体就能被调校到最佳状态，否则将会产生各种问题，从而危害身体健康。① 这一切都说明了道家和中医"顺应自然"养生原则的前瞻性。

第二节　阴平阳秘精神治

中华文化是和谐文化，中国哲学是和谐哲学，不是斗争文化、斗争哲学。强调阴阳平衡、阴阳和谐，是中国哲学的一大特点，也是中华文化最宝贵、具有世界意义的思想。以孔子为代表的儒家强调不偏不倚，持守中道，追求"致中和""和而不同"；以老子为代表的道家认为公平的"天之道"是"损有余而补不足"，主张损余补缺，"高者抑之，下者举之，有余者损之，不足者补之"。

协调平衡的思想被《黄帝内经》所运用，形成了追求阴阳平衡的养生保健和治病的原则。《黄帝内经》以阴阳五行为核心思想，其中又以阴阳为主要内容。《阴阳应象大论》一文中说："阴阳者，天地之道也，万物之纲纪，变化之父母，生杀之本始，神明之府也。治病必求于本。"意思是说，阴、阳存在于宇宙间，是万物变化的根本，阴阳的对立统一是天地万物运动变化的总规律，不论是空间还是时间，从天地的回旋到万物的产生和消失，都是阴阳作用的结果。总之，阴阳是精神和智慧的出入之所，是一切奥妙之所在。因此，治病必须通晓和把握阴阳的变化这个根本。

《黄帝内经》的作者从天地自然和社会、人体之间的相互联系这样的

---

① 王彦、腾花景：《揭秘生物昼夜节律的分子机制》，《中国医药生物技术》，2017 年第 6 期。

宏观系统来考察疾病，从内外多个方面探求致病原因。他认为各种各样的阴阳失衡是引起疾病的原因，如自然界的风、寒、暑、湿、燥、火六种气太过或不及或非其时而生的情况，称为"六淫"。淫，是过度的意思，它会导致疾病。风、寒、暑、湿、燥、火本来是大自然的正常现象，本无所谓邪气，自然界的正常气候在恰到好处的时候都是帮助人体的，但其出现在错误的时空背景下，太过或不及就成了邪气。

养生的要义是达到一种阴阳和谐与平衡，保持身与心的平衡和体内各系统、各脏腑的平衡等。《道德经》说"冲气以为和""知和曰常，知常曰明"。《黄帝内经·素问·生气通天论》曰："阴平阳秘，精神乃治。"平，是平和安静的意思；秘，是固秘而不散失的意思；精与神，泛指人体的正常生命活动；治，是正常而不乱的意思。"阴平阳秘，精神乃治"，是指人体必须经常保持相对的阴阳平衡，相互协调，只有这样才能维持人体正常的生理活动，而使精力充沛，身体健康。中医认为，百病之源，五脏为根。肝、心、脾、肺、肾五脏分别与木、火、土、金、水五行相应，五行相生又相克，相互制约又促进。养生和治病的目的是要达到平衡，故有些医学专家认为，所谓"中医"，并非"中西"之"中"，而是"中庸"之"中"，以"持中平衡"为原则，故名"中医"，这也是有一定道理的。

在现代人的生活中，阴阳失衡的状况比比皆是。如，现代人动静失衡、劳逸失衡。大多数人成天都处于紧张和忙碌之中，休息和保养的时间越来越少；但也有人养尊处优，四体不勤；有的人坐在室内的时间太多而户外运动的时间太少；等等。这些都属于阴阳失衡，将导致身体透支，或导致血脉不通、营养过剩，或导致免疫功能低下，疾病丛生甚至猝死。其实，老子早就告诫人们："企者不立，跨者不行。"意思是说，踮着脚尖不能很稳地站立，跨着大步快走却难以行远。正所谓欲速则不达，我们必须劳逸结合，保持身与心、动与静等各个方面的平衡，从哲学的层面进行概括，就是要达到阴与阳的平衡。

在实际生活中，阳气亏损或阳气不足也是普遍现象。因此，一些中医和养生家认为，养生很重要的就是养阳气。《黄帝内经·素问·生气通天论》曰："阳气者，若天与日，失其所，则折寿而不彰。"阳气主向上与向外，当外邪入侵时，阳气即迎邪而上，与之相抗争，起卫外御邪作用，就是指人体有抵御外邪的能力，即人的免疫系统所发挥的作用。故养生家多强调阳气为生命之根本。

如何固养阳气？有专家认为，可从多个方面着手：

一是从饮食中吸收阳热之性。多食高热量、高蛋白等甘温补阳之食物。如鸡肉、鸭肉、鱼肉、羊肉等食品；栗子、南瓜、姜、葱、大蒜、洋葱、韭菜、糯米、荔枝、榴梿、龙眼等瓜果蔬菜；注意不要过量进食冰糕、冷饮等生冷食品或损阳之药，慎食菊花等凉性药物，西瓜、柿子、香蕉等凉性瓜果蔬菜要适可而止。

二是从运动中产生阳热之气。适当参加体育锻炼，通过运动助阳生热。如散步，就是慢慢向前走去，无拘无束、自由自在，且发出微汗。

三是从天地之间禀受阳气。经常参加户外活动，接受日光照射。

四是利用自然界的植物补阳。如艾草是阳性植物，通过艾灸来补阳是个简单有效的方法。

五是保证睡眠。夜晚睡觉是敛藏阳气简单易行的方法，夜则入眠，晨则起床，起居合乎天地规律，人体阳气随太阳而升发，充满朝气与活力。养生家倡导睡子午觉，即子时（晚 11 时至凌晨 1 时）就寝入睡，午时（中午 11 时至下午 1 时）小睡半个小时。

但要特别注意的是，《黄帝内经》强调的是阴阳平衡、阴阳和谐，并非一味地扶阳，否则会有失偏颇。

第三节　养正祛邪抗病患

《黄帝内经》非常重视情志养生，颐养精神，用今天的话来说，就是注意心理健康，从精神上保持良好状态，以保障机体功能的正常发挥，达到防病健身、延年益寿的目的。《上古天真论》中说："恬淡虚无，真气从之，精神内守，病安从来。"这句话道出了颐养精神对提高免疫功能的重要性。

扶养正气是中医宝典《黄帝内经》的重要养生原则。"正气存内，邪不可干"。如果单纯从生物学意义上理解这句话，可将其解释为当人体脏腑功能正常，正气旺盛，气血充盈流畅，则免疫力强，风、寒、暑、湿、燥、火和疫疠之气等致病邪气难以侵袭，不易发生疾病。但愚意认为，单纯从生物学意义上理解这句话是不够的，从文化康养的视角来看，还应从精神心理的层面进行解读。因为人是身心相互影响的综合整体，躯体健康、心理健康和精神健康相互联系、相互影响，密不可分。"正气存内"，不仅指生物学意义上的脏腑功能正常，气血充盈，同时也包括良好的道德操守、平和稳定的心理等因素。从这一角度看，"正气"也包括孟子所说的"浩然正气"。也就是说，行为主体的抵抗能力、调节能力和适应能力与他的道德水平和心理状态密切联系。因此，"扶正"，不仅包括保持脏腑功能正常，正气旺盛，气血充盈流畅，同时也包括积极地进行修身养性，保持平和乐观、积极向上、尊崇道义等人生观、价值观。"祛邪"，不仅要祛除病邪或阻止风、寒、暑、湿、燥、火六淫之气的侵袭，也要抵御焦虑、忧郁、恐慌、哀愁等负面心理和情绪。

孟子强调"善养吾浩然之气"。他认为，这种浩然之气盛大而刚强，依靠正直的意志去培养它，就会充塞天地之间，无所畏惧，勇往直前。这种浩然之气是与道义紧密联系在一起的，"配义与道"，是以精神意志为主导，胸怀无私、正直宽大、勇往直前的精神状态。如果缺少这种精神力量的支撑，浩然之气就会亏损，失去力量。它是正义的长期积累，不是靠偶然的行为就能获得的。显然，孟子所说的"浩然之气"，指的是人的一种精神气概，一种高尚人格的呈现。他也非常重视精神意志与人体元气的盛衰，承认气是生命的根本，提出："夫志，气之帅也；气，体之充也。"他认为养生最重要的是对"气"的培养，明确地将道德修养论和正气蓄养论紧密结合，具有强烈的道德色彩，丰富了修身养性以护养身心的中国式精神康养模式。

以孔孟为代表的儒家都强调精神层面的养生，在艰苦环境下保持积极和乐观的心态。《周易·乾象》言："天行健，君子以自强不息。"孔子曰："饭疏食，饮水，曲肱而枕之，乐亦在其中矣。"意思是说，自己胸怀道义，即使吃粗粮，喝冷水，枕着胳膊而卧，也仍然乐在其中。他还强调"毋意、毋必、毋固、毋我"，要杜绝四种弊病，不主观臆断、不绝对肯定、不固执、不自大，为人处事要有真性情、要诚挚，"思无邪"；应当保持坦荡的胸怀，"君子坦荡荡，小人长戚戚"。在人生七十古来稀的年代，孔子能享 72 岁、孟子能享 84 岁的高寿，不能不说此乃得益于他们善于修养心性，更是孔子"仁者寿"这一论断的有力印证。

孟子"善养吾浩然之气"的思想对后世产生了深刻的影响，代表了古代文人、士大夫在养生方面的一种精神追求。它包含了两层意思：一是指精神修养的一种状态，即达到一种对人之气概、气节、气质、气度、气量和学养的追求，如北宋理学家程颐所说的"养气则志有所帅也"。二是指形神修养方面的要求，包括人之精、气、神三者。人之一身精、气、神三者密不可分：养精能蓄气，精气足则神旺，神气足又能生精，这主要通过自身炼养方能达到。"养浩然之气"等主张也成为支撑中华民族战胜艰难困苦的精神力量。

相传活到 141 岁的唐代药王孙思邈，就非常注重善心善念、人品道德在养生中的价值和作用。他在其巨作《千金要方》中说："百行周备，虽绝药饵，足以遐年；德行不克，纵服玉液金丹，未能延寿。"意思就是，德行兼备，虽不吃药也可以长寿；德行不足，虽服玉液仙丹也不能延寿。养生在于德行。

躯体健康、心理健康和精神健康之间的密切联系，已被现代心身医学和社会医学的诸多研究成果所证实，在中国历史上也不乏有例证。

例如，南宋英烈文天祥胸怀英勇不屈的浩然正气，身陷囹圄，在潮湿肮脏、瘟疫流行的恶劣环境下，居然能够"百疠自辟易"，抵抗各种具有强传染性的致病邪气或疾病，在人间地狱般的囚室中生存，直至两年后慷慨就义。又如，王阳明更是从正反两方面提供了例证，他在谪居龙场时，曾为素昧平生但暴死异乡的小吏一家撰写祭文——《瘗旅文》。文章记载了一位从京师贬谪到本地的小官，由于"饥渴劳顿，筋骨疲惫，而又瘴疠侵其外"，忧郁、哀愁积于内心，内外夹攻之下，病魔乘虚而入，与儿子、仆人几天内先后病逝。王阳明将其埋葬并满怀同情和悲伤地撰文哀悼，表达出痛惜生命的恻隐之心和仁者之情。文中也回顾说，自己到此三年，"历瘴毒而苟能自全"，原因就在于"未尝一日之戚戚也"。在人生失意且瘴毒环绕的恶劣情境中，王阳明心存浩然之气，保持乐观豁达的积极心态，因而安然无恙。这足以说明道德心理状态与免疫功能密切相关。

古代最长寿诗人、南宋的陆游也重视正气养生。他在平均寿命不足50岁的南宋活到了85岁，到了晚年依然耳不聋、眼不花、背不驼、手不颤。人们将他长寿的原因总结为规律生活、适当劳动、爱好爬山、勤练气功、强调素食、家庭和睦、心态豁达，他自己也将长寿与恬淡清贫的生活紧密相连："石帆山下白头人，八十三回见早春。自爱安闲忘寂寞，天将强健报清贫。"但纵观他的一生，实在有太多的艰难与不顺，仕途坎坷不平，因和表妹唐婉被迫离异而受精神创伤，生活拮据，常常缺衣短食、忍饥受冻，其至有"贷米东村待不回""饥肠雷动寻常事""籴米归迟午未炊"的情况，还留下了"陆子七十犹穷人""食不足以活妻子""忍饥读书忽白首，行歌拾穗将终身""今年贫彻底，拟卖旧渔矶"这样的诗句。他虽然也有骑驴采药、医病施药、陇田劳作的生活，但大多数时间是不平的、愤怒的。他看到眼前的画作或花草，听一声雁唳，喝几杯酒，写几行草书，都会引发报国仇、雪国耻的心事，血液都能沸腾起来，临终之际还"位卑未敢忘忧国"，为分裂的国家而悲痛，并告诫儿子"王师北定中原日，家祭无忘告乃翁"。因此，有学者强调说，孟子所说的大丈夫之"浩然之气"是支撑陆游长寿的另一重要因素。无论怎样的命途多舛，他都始终胸怀浩然正气，秉持仁民爱物之心，"充满忧国忧民之情、凝聚了正义和道德的浩然正气，在他的胸中永不停息，这也是陆游长寿的真正秘诀"。这一看法是很有见地的。

第四节　调神去怒少忧烦

中国先贤重视对于情绪和欲望的调控，《易经·损卦》中说："君子以惩忿窒欲。"意思是，作为一个有高尚品德的君子，要能够克制自己的愤怒和欲望。后来的儒家学者将其作为修身的重要原则，朱熹还将它与忠信、笃敬、迁善改过等信条一同作为《白鹿洞书院学规》的修身之要。

克制自己的愤怒情绪和欲望不仅是个人修身养德的要求，同时也是养生的重要原则。中医宝典《黄帝内经》中就指出，人的思想活动和疾病的发生有密切的关系，情绪的大幅波动将扰乱心灵的平和，人的喜怒哀乐可影响气机的升降和出入；而沉溺于喜、怒、忧、思、悲、恐、惊等情感更会伤身害生，强烈或长期反复的精神刺激可使气机逆乱、气血失和、阴阳失调、脏腑功能紊乱，百病丛生。《灵枢·百病始生》说："喜怒不节，则伤脏。"《素问·举痛论》中列举了人的怒、喜、悲、恐、惊等情绪对身体的影响，如，"怒则气逆，甚则呕血及飧泄""喜则气和志达，荣卫通利""悲则心系急……而上焦不通，荣卫不散""恐则精却，却则上焦闭""惊则心无所倚，神无所归，虑无所定"，等等。

因此，要调整自我对外界事物的情绪反应，改变自己的思维，控制七情过亢。为了做到这一点，重要的是要让自己的行为合乎"道"的原则，减少贪欲妄想，这也正是《素问·上古天真论》中推崇的上古圣人教导民众的养生之道："是以嗜欲不能劳其目，淫邪不能惑其心，愚智贤不肖，不惧于物，故合于道。所以能年皆度百岁而动作不衰者，以其德全不危也。"意思是说，保持思想的安定恬淡，遏制不良嗜欲对感官的危害，抵制淫邪贪嗔的迷惑，减少不良的精神刺激和过度的情志波动，知止知足，控制七情变化，按照七情生克原理，调整内心，进行神智和感情的修炼，使心态平和，达到减少疾病、健康百年的目的，这是情志养生的方法。

《道德经》也从"道"的高度来阐述守柔去怒对生命养护的意义。书中认为，柔弱是道的作用和体现，"弱者道之用"，故将柔弱不争奉为古往今来与天相配的极则。在对自然社会进行深入观察的基础上，老子认识到，天地万事万物在发展过程中，柔弱的一类事物往往更有生命力，坚硬刚强的一类事物往往容易被毁坏；凡是坚强的东西，都是属于死亡的一类；凡是柔弱的东西，都是属于生存的一类，"人之生也柔弱，其死也坚强；草木之生也柔脆，其死也枯槁。故坚强者死之徒，柔弱者生之徒。"逞强好斗的强暴之人常常是没有好下场的："强梁者不得其死。"相反，柔弱胜过刚强："柔弱胜刚强"，坚硬刚强的人往往并不是真正的强者。因此，老子总结说："守柔曰强。"因此，道家将不争制怒视为另一重要的养生方法。

"争斗"是导致怨气、怒气和抑郁不平之气的根源，人们常因"争斗"而面红耳赤，怒气冲天，甚至发生打架斗殴或更严重的事端。"争斗"是人们身心健康的障碍和杀手。多国医学家的研究报告表明，心脏病、中风、癌症等均与患者的易怒好争等情绪息息相关。道家提倡"守柔不争"，这对于消除人们的紧张情绪，保持愉快的心情大有裨益。

如何在生活中控制好自己的情绪，避免发怒伤身呢？以下制怒之法供大家参考。

第一，冷静法。找空房，闭眼，深呼吸，放松，安静下来，保持冷静，心平气和。

第二，转移法。立刻离开生气之"源"，去行拳品茗，或在琴棋书画等活动中疏解怒气，淡化不良情绪。这方面的成功事例很多，将在后续的相关章节予以介绍。

第三，拖延法。当因某事要发怒时，先忍下来，不做反应，过段时间查清真相后再作处理，效果更佳。

第四，反思法。一问自己："气什么？"二问自己："值得吗？"三问自己："有没有更好的方法？"问完，你应该已经度过"一时之怒"的最致命时刻。接着，再应用其他比较好的方案吧。

第五节　虚静恬淡养气血

如何有效地进一步调控自己的情绪，开启自我修复功能呢？答案之一是致虚守静。如果把身体比作一个生态系统，致虚守静的养生方式与现代生态学提倡的"自然恢复法"颇有相通之处，能让体内的信息系统从紊乱到有序、和谐，从而使体内各系统的失衡状态转向平衡状态。因此，古代养生家将虚静恬淡视为怡养心神的一个重要方法，这也是道家修身养性、体悟大道的重要方法。他们认为，神气清静内守，不躁动妄耗，就能较好地对抗衰老，促进健康，延年益寿。

虚静恬淡这一方法源自老子的《道德经》，该书第十六章说："致虚极，守静笃……夫物芸芸，各复归其根。归根曰静，静曰复命，复命曰常，知常曰明。不知常，妄作，凶。"意思是说，世间万物，都各归其本根，返回本根就叫清静，清静就叫做复归于生命本性。复归于生命本性是万物运动与变化的恒常规律，懂得了这个恒常之道就可称为明白、明智。不懂常道和自然规律，轻举妄动，凶险。使内心虚寂和宁静达到极致，这也是有助于精神抚慰与心理康复进而延年益寿的方法。

中医和后世的道家继承了老子虚静养心的理论和方法，《黄帝内经》将"恬淡虚无""精神内守"视为防病、去病的重要方法，要求人们"形与神俱""独立守神"，都强调形神合一。《黄帝内经》的《灵枢·本脏》中更进一步说明了安静守神、意志安和的重要性。文中说，人的意志统领精神活动，让人适应外在气候变化，调和情绪的喜怒。保持安静的状态才能使精神内藏，意志安和才能保持精神专一、情绪安定、五脏健康："志意和则精神专直，魂魄不散，悔怒不起，五脏不受邪。"但是，心神的特点是飘浮不定，容易散逸，很难安定在身体之内，甚至形神分离，所谓失魂落魄正是形容这种不正常的状态。因此，要努力守住心神，让飘逸出去的心神回到它的家园，实现形神合一，"形与神俱"。这需要通过对意志的修炼，保持心神安静，才能让人的心神平和，安住于身，"魂魄不散"。

致虚守静、独立守神是中华民族的重要修身养性之术。儒释道诸家都将修心、治心、降心作为人生重要的修炼之道，并发展出心斋、坐忘、听息、守一、坐禅、调息等众多修身养性方法。再进一步说，一个"静"字贯穿了儒释道诸家和书画、太极拳、古琴等中国传统文化的众多领域，关于这一方面，也将在后续的相关章节进行论述。

致虚守静就是要让心灵处于虚空宁静的状态，暂时排遣意识、理性思维和外界对感官的刺激，返观内照，回到自身内心深处，即精神的家园。谨守致虚守静这一生命之道，可以使万物生长不息，往复不止，更有益于保养个体生命。因为它降低了人体生物钟运转的速度，减少了能量消耗，从而达到了长寿之目的。

致虚守静类似于日本禅学家铃木大拙所说的"受过训练的无意识"，能够促使人们"从理智的意识干扰中解脱出来"，起到有效的心理保健作用，排遣不良情绪，从而使"恐惧、焦虑或不安全等扰乱人心的感情没有任何机会来烦扰他"。

佛教经典也重视调摄精神。在佛家看来，人心本来就清净，只是受到外界各种物欲及幻想的诱惑才导致心念妄动迷乱，从而产生无尽的烦恼，甚至疾病丛生。因此，佛学经典《金刚经》主张"应无所住而生其心"。只有精神清净、意志安闲、心神安定才能让真气调和顺畅，从而促进免疫功能的提高。佛教认为，人不可能长生不死，即使修炼成佛，肉体也不可能永存于世。因此，佛家养生主要强调思想上的开悟，即在认识的基础上达到超脱，去除种种烦恼，不为物欲所困。在这种超脱的状态下，能减少疾病的发生。

然而，要达到这种状态就必须通过修行定性，参禅打坐，也就是所谓的禅定。佛家把禅定作为心理锻炼的主要手段，坐禅修定，通过"以念止念、以心治心"的心理过程来增强人体自身生命的调节控制能力和运动的能力。何谓禅定？六祖惠能在《坛经》中说："外离相为禅，内不乱为定；外若着相，内心即乱；外若离相，心即不乱……外禅内定，故名禅定。""禅"是梵语 dhyana 的略语，汉译为"思维修"，也称"静虑"，是指在平静的心态下冥想，或者解释为"止观"。止者，静也；观者，虑也。"定"即定心。修炼者要气沉下腹，静数呼吸，专心致志，排除一切杂念，不妄作想，久而久之，身心内明，求得欢愉、宁静平和的心境，进入禅定的境界，即"入定"。

惠能在《坛经》中阐明清静的重要性说："但于自心常起正见，烦恼尘劳常不能染。"一切要在自性上自悟、自证。通过开悟去认识本心，以达到明心见性的境地。佛教天台宗的经典《摩诃止观》卷八中也认识到疾病与心性的关系以及内心清静的养生意义，书中说："诸病无非心作，心有忧愁思虑，邪气得入。"因此，要清除内心所受世俗之尘的蒙蔽，恢复对自我本性的认识、理解和体验，以显现般若智慧，才能保证身体不受邪气所侵蚀。这与《内经·灵枢》所说的"志意和则精神专直……五脏不受邪"的主张是相通的。

道家的致虚守静、《黄帝内经》的"独立守神"与佛教的禅定虽然在终极目标和具体操作上有所差别，但从现代心理治疗的角度来看，这些皆属于自我心理调养和提高心理调控能力、减轻精神压力的训练活动，是具有中国特色又保持较多个体性的修养方法，它有助于个体暂时放下眼前的烦扰，超越世俗的痛苦，独自面向天地自然，获得某种灵性，这对于缓解个体的负面心理具有积极作用。研究证明，在心理治疗的临床实践中，灵性能在我们应对痛苦时提供新的视角，有时它甚至可以起到关键作用。必须承认，大多数人都具有精神性，希望用灵性来处理痛苦，并得到治疗。

致虚守静、"独立守神"、禅定皆有助于行为主体从负面情感或意识状态中超脱出来，让心灵处于虚静的状态，暂时排遣意识、理性思维和外界对感官的刺激，进入潜意识层面，这是一种可操作的心理调节或心理训练技术，从潜意识的层面开展心理调治。它首先是通过身心松弛的技巧缓解压力，以消除内在的心理紧张，缓解焦虑心理，通过一些具体的方法进一步获得一种融入天地自然的感受，促进心理康复。

现代人的身心产生诸多问题的重要原因在于本性的迷失，不明白什么才是人生中最重要的东西，一味地以名利财富这些世俗的成功标准来衡量一切，因此无止境地向外索求，让自己处在紧张和压力之中，一刻也不能放松，更无法把握自己生命实存的总根源和基本活动规律。当我们出现紧张和压力、抑郁、敌意等负面情绪时，单纯依靠进补、增加营养或从躯体层面进行养生是无济于事的。当土壤是板结状态时,养分能灌溉进去吗?或者说,你自身内部没有产生提高端粒酶水平的机能,一切都是无源之水、无本之木,你无法保护端粒的长度,反而可能导致过度进补或营养过剩,引起诸多疾病。

以上的心性修养方法有助于我们放松下来,释放或减轻压力,在淡泊宁静、稳定平和的松弛状态下,让体内各系统进行自我修复;还可以炼气调神,打通全身气脉,让气血流通,优化体内的各个系统。

现代心理治疗的临床实践证明,静坐、坐禅、冥想等心理训练以及在此基础上发展而来的正念训练等风靡国内外的方法,可以炼气调神,有助于抚慰心灵,修复心灵创伤,缓解焦虑紧张,保持心理平和;而保持淡泊宁静、稳定平和的心态,又能够有效地减少人体能量消耗,促进体内各系统的和谐有序,有益于身心健康。

致虚守静的养生效果也不断被新的科学成果所证实。绪论中曾提到,《端粒效应》一书的作者伊丽莎白·布雷克本提出,人体端粒的长短控制着细胞和人体的寿命,而端粒酶的数量和端粒的长短直接受到人的情绪的影响。布雷克本提到了一项实验,即冥想帮助人们解压,有助于缓解负面情绪,延缓人们衰老,增加端粒酶的数量,使其活性变强,端粒也就变长了。这里所说的冥想正是与致虚守静的方法相类似的活动。①

与致虚守静紧密相连的是恬淡的生活,这也是《老子》中提出的俭啬寡欲主张。《老子》将"俭"奉为人生"三宝"之一和"长生久视"之道,第五十九章说:"治人事天,莫若啬。……是谓深根固柢,长生久视之道。"意思是,无论是治理民众还是养护自己的身体,最重要的是要节俭朴素,不尚奢侈。这是根深固本、长治久安、寿命绵长的必由之路。

———————————

① 参见谢钟琪:《静坐与健康》,《养生月刊》2014年第5期。

这些箴言对当代人是重要的警示。可以看到,一些人纵欲挥霍、贪图口腹之快而导致三高、脂肪肝、心血管疾病等,而人类享受物质财富的能力其实很有限,俗话说:良田万顷,日食一升;广厦千间,夜眠八尺。营养过剩、纵欲享乐,反而是要出大毛病的。

在现实生活中,保持清静恬淡生活的人往往更为健康长寿。民国时期的寿星李庆远(又名李青云)的养生之道的核心就是慈、俭、和、静四字。他认为,人的寿命有长短,是由元气主宰的,元气禀受于先天而赖后天养护。那些不善于养生的人,即使先天的禀气厚,但如不加爱惜,对其滥用甚至任意损伤,也足以损寿。慈、俭、和、静四字也正是《老子》《黄帝内经》等中华经典推崇的养生智慧。

现代科技印证了节制饮食的重要性。最新的研究发现,减缓老化速度并延长寿命的方法是减少能量的消耗和限制热量的供应,这样可减缓新陈代谢的速度。换句话说,吃得少的人,反而活得久。研究还发现,少食能让免疫功能不衰退,而免疫功能的衰退,是导致癌症的原因之一。正常的人体中,癌细胞会不断产生,但这种癌细胞通常在尚未达到癌症发病的程度就被消灭了,这是因为人体具有免疫功能,免疫功能是维系人体健康的守护神。纵使人体内存在癌细胞,我们也能与癌细胞共存,而能让免疫功能不致衰退的最佳良方就是少食。日本九州岛大学的久保千春教授、美国加州大学的沃尔夫德教授曾分别以小白鼠做实验,发表少食与免疫功能关联的惊人结果:实验发现,控制卡路里的老鼠的寿命可以延长2倍,如果加上脂肪摄取量的限制,则寿命可再延长3倍。少食反而能提升免疫功能,还会让人不容易罹患脑中风、脑梗死、心肌梗死等疾病,能让头脑清晰,延缓记忆力及体力的衰退。①

相反,如果对外物有过多的欲求,而人的能力和资源的有限性无法

---

① 参见袁越:《抗击衰老》,《三联生活周刊》,三联书店,2018年第1期。

实现这些物欲，就会导致人的内心失衡、压力增大、烦恼无穷，内心动荡不安、焦急浮躁，引起神经系统特别是大脑功能紊乱失调。当这些情况严重而得不到解决时，就会发展为应激状态。应激状态延续会降低免疫功能，引发多种身心问题和疾病。

显然，虚静、恬淡、寡欲的生活有助于身心健康。那么，如何才能有效地达到这些要求呢？我们不主张强制性压制人的感官欲望，因为那样既不人道，也不可能产生真正的效果，还可能变成假道学先生。

虚静、恬淡的生活态度可以通过多种方法进行培养，如静坐的方法。以下介绍一些简单的静坐基本训练。

静坐的主要步骤：调形、调息、调神。具体操作如下。

（1）调节座椅到适当高度，让大腿和小腿的夹角约为90度。

（2）双脚略向前伸，超过膝盖。

（3）双手掌心向上，平放在大腿上或者叠放在小腹前。

（4）头部保持自然正直，切忌僵硬，头部、颈部、面部放松并略带微笑。

（5）双肩放松勿耸起，两臂放松，下垂，进而感到全身从头到脚都放松了。

（6）轻闭双眼，轻合嘴唇，舌抵上腭，吐出浊气。

（7）慢慢地吸气、吐气，保持呼吸的细、长、匀。

（8）意守丹田穴或数息、内观。

在静坐的过程中，调整呼吸特别是调理心神较难把握，以下推荐几种入门的方法。

（1）听息法。

听息法来自庄子，是现代著名养生家、道学家陈撄宁先生最为推崇的，他还根据现代人修炼静功以治疗神经衰弱的实际需要对此法进行了通俗的阐释。

具体操作如下：一心听自己的呼吸之气，初下手时，只用耳根，不用意识，并非以这个念头代替那个念头，更不是专心死守鼻窍或肺窍，也不是听鼻中有什么声音，只要自己觉得一呼一吸地下落，跟随着自己的一呼一吸，就算对了。至于呼吸的快慢、粗细、深浅，皆任其自然变化，不用意识去支配它。听到后来，神气合一，杂念全无，连呼吸也忘记了，渐渐地入睡，这才是神经由衰弱恢复健康的过程中最有效力的时候，要乘这个机会熟睡一番，切不可勉强提起精神和睡意相抵抗；睡醒之后，可以从头再做听息法，又能够安然入睡。

（2）数息法。

数息法是苏轼在《养生说》中所介绍的，陈撄宁先生用白话进行了阐释：不论白天或是夜晚，也不论用坐式或用卧式，听各人自便。只要管住自己的身体不让它动摇……身体安置好了，再用两眼观看自己的鼻尖，并同时用意识数鼻中呼吸出入的次数。要诀贵在勿忘、勿助。"勿忘"即《道德经》中所说的"绵绵若存"；"勿助"即《道德经》中所说的"用之不勤"。普通数息法：若数出息即不数入息，若数入息即不数出息，一呼一息，只算一次。数到几百次以后，心中寂然如虚空，身体兀然如山石，不需要勉强去禁止和制伏它，身心二者自然都安静且不动了。

（3）随息法。

用以上数息的方法数到几千次以后，或无力再做下去时，就用"随息法"来应付。当气息呼出时，心也随它同出；当气息吸入时，心也随它同入，有时感觉这个气息似云雾蒸发，散布于周身无数的毛孔中，不由鼻孔出入。

这些方法都经过了陈撄宁先生多年的实践，简易可行，不易出偏差，有助于缓解紧张、焦虑情绪以及失眠、头痛等由情绪导致的身心问题。

努力让自己的感官欲望得到升华也是培养虚静、恬淡之生活态度的有效途径。按照弗洛伊德的升华理论，人的欲望可以通过从事文学、艺术等高尚的活动而得到升华。其实，五代时期北派山水画的宗师荆浩早已涉及这方面的论述。他在《笔法记》一文中指出："嗜欲者，生之贼也。名贤纵乐琴书图画，代去杂欲。"意思是说，对物质生活的贪欲无度，是人生的大害。聪明高尚的人以读书、琴瑟、书法、图画为乐事，所以能够排除物质、肉体上过分的欲望。荆浩的《笔法记》虽然只被人们奉为古代山水画理论的经典，但文中的这句话中肯地指明了感官欲望对生命的危害以及读书和琴瑟书画的修身养性意义，对沉溺于感官享乐中的现代人可谓是有价值的警戒，不乏启示意义。

第六节　慈爱互助得寿康

中国传统文化倡导扶危济困、仁慈行善、互助互爱的精神，中国先贤深刻地认识到助人与自助的内在联系，他们告诫民众，人不是孤单的个体，应当相互支持，抱团取暖，慈爱济世不只是造福于他人，同时也以另一种方式滋养着行为主体的身心健康。孔子说"仁者寿"；《大学》中说"富润屋，德润身，心广体胖"；《中庸》中说"故大德……必得其寿"。无论是君子、仁者还是大德之人，都有一份扎根在内心深处的济世情怀，他们不敢违仁，不敢忘本，坚持修德怀仁，这正是保持身心健康的良方。《易经》被国人视为宝典，其核心就是"积善之家，必有余庆；积不善之家，必有余殃。"意思是说，行善的人家，必然有多的吉庆，多做好事，多积阴德，就算有些不顺利的事情，也会逢凶化吉，慢慢变得好起来，不仅如此，还会给后世子孙带来很多福报；反之，则会有无穷的祸殃。

被誉为"人生大智慧"的《道德经》更是以慈爱作为化解抑郁、焦虑、孤独，获得快乐的药方。文中说："吾所以有大患者，为吾有身。及吾无身，吾有何患。"意思是说，我之所以有大的忧患，是因为过于关注自身，如能淡化自我，则会减少许多个人的忧伤。

老子还认为，利己与利他并非截然对立，超越小我与成全自己相辅相成。《道德经》第七章说："天长地久。天地所以能长且久者，以其不自生，故能长生。是以圣人后其身而身先，外其身而身存。非以其无私邪？故能成其私。"意思是说，天地之所以长久存在是因为其没有自私自利之心，不只为自己的存在而生存、发展。因此，得道的圣人效法天地，谦下居后，反而能赢得民众的拥戴；把自己置之度外，反而能保全生命。圣人无私奉献，反而能够成就自我，赢得民众的敬仰。《道德经》的最后一章更是精炼地概括了利他与利己的辩证关系："圣人不积，既以为人，己愈有；既以与人，己愈多。"意思是说，得道的圣人不存占有之心，他努力地帮助他人，给予他人，自己反而更为充实，更为丰富。

佛学同样将仁爱、慈善奉为修行的重要方式，要求信众"诸恶莫作，众善奉行"，倡导"无缘大慈，同体大悲"，意思是说，诸佛菩萨虽与众生无缘，但是也发大慈心救渡他们；诸佛菩萨将众生看作和自己是一体的，视他人的痛苦为自己的痛苦，而生起拔苦与乐、同情平等之悲心。超越人间的血缘关系等世俗之情，以一种普遍的、永远的、无限的、无条件的大爱去救济众生，这是修成正果、实现成佛的人生理想的重要条件。在世俗之人看来，这些要求当然是极善、极高，难以企及的。

但是，仁慈行善其实并不与平民的生活相距遥远，不是无关乎普通民众的根本利益，而是直接有益于身心健康。这一点，在现代心理治疗临床实践中得到了印证。不少心理治疗家都认识到，慈爱之心和相关的行为对缓解某些类型的焦虑症、保持身心健康具有积极的作用。心理治疗的案例证明，对自己的病症或消极情感过度关注和畏惧，会陷入神经性焦虑或产生虚无感。很多研究成果证明，与人为善，常做好事，心中会常产生一种难以言喻的愉快感和自豪感，进而降低压力激素水平，促进"有益激素"的分泌。精神病流行病学专家甚至说："养成助人为乐的习惯，是预防和治疗忧郁症的良方。"人本主义心理治疗的方法之一，就是帮助来访者超越以自我为中心、淡化小我，将关注的重心从自我转向他人。马斯洛强调，"爱对于精神健康十分重要"，应该"懂得以感情和慈爱来医治患者"。他甚至认为："心理治疗获得的成功，不过是帮助人们发现更好的行为、思想及与人交往的方式……使他们变得更加坚强、善良、慈爱、无私和平静……"这些治疗的思路与老子上述观点是一致的，其关键点皆在于慈爱利他和"自我付出"。

全球最大的健康组织凯色的主持人大卫·索柏曾提出的增强免疫功能的一个秘诀也是多帮助人。美国的一项调查显示，没有做义工的人比做义工的人罹患心脏病、忧郁症及传染病的概率高 5 倍。这也从世界范围内证明了善行义举的免疫功效。

仁慈济困的行为，让行为主体更好地体悟到了自己的人生价值和生命的意义。慈爱之心、慈爱之行会从精神层面让行善者获得精神愉悦、心灵充实、自我肯定等积极心理感受，满足了归属需要、自尊需要和自我实现、自我超越等诸多需要层次，而且还以适当的方式激发被救助者进行自救、互救，让他们重获新生和对生活的勇气，这既有助于行善者自我的身心健康，也从物质和精神等多个层面对被救助者实施了躯体和心灵的疗愈。

* * *

顺应自然、养正祛邪、惩忿窒欲、仁慈行善、清静寡欲、虚静恬淡等生命智慧经过了千百年的考验并符合健康学、心理治疗、现代免疫学等原理，我们予以学习、牢记和践行这些智慧，将有助于获得更健康、更快乐的人生。

但是，人的心与意是不同的两个层面，意是意识，心则属于潜意识。人们往往在意识层面认识到养生的重要性，在心的层面却未必接受，在行的层面未必实施，从而导致知行不一，知道却做不到。要解决这一问题，我们一方面需要通过自觉的努力，以理性和意志的力量加大践行的力度；另一方面，更需要通过诗、唱、琴、棋、书、画、茶、拳、游等中式雅致休闲活动，从多个层面特别是在趣味盎然的娱乐和游玩过程中感悟生命智慧，升华人的欲望，调养心性，推进知行合一，让生命智慧进入深层次的心理层面，形成健康的中式雅生活。如此，先贤的生命智慧就有望从箴言警语落实到日常生活中。接下来，就让我们进一步逐层展开从理论到生活的践行，开启知行合一的文化康养之旅吧。

[附录]

经典中的养生箴言言简意赅，足以让人受益终生。以下分类摘取几段并附其大意，以便于读者熟读和践行。

1. 顺应自然

《黄帝内经·素问·上古天真论》："上古之人，其知道者，法于阴阳，和于术数，食饮有节，起居有常，不妄作劳，故能形与神俱，而尽终其天年，度百岁乃去。"

大意：上古时代那些懂得养生之道的人，能够取法于天地阴阳自然变化之理而加以适应，调和养生的办法，使之达到正确的标准。饮食有所节制，作息有一定规律，既不妄事操劳，又避免过度的房事，所以能够身心平衡，形神合一，活到天赋的自然年龄，超过百岁才离开人世。

《道德经》第二十五章："人法地，地法天，天法道，道法自然。"

大意：人在大地上生存，应遵循大地的运行规律来行事；大地为天所覆盖，依据自然气候的变化而运行；天象变化遵从"道"的规则；而"道"的法则是自然而然，本来如此。

《黄帝内经·素问·四气调神大论》："故阴阳四时者，万物之终始也，死生之本也。逆之则灾害生，从之则苛疾不起，是谓得道。"

大意：春夏秋冬阴阳四时的转换都有其内在的规律，这是万物的终结与起始、生命死亡与生存的根本。违逆它就会有灾害发生，顺从它就不会出现重病，这就叫体悟了大道，与道相合。

《黄帝内经·灵枢·本神》："故智者之养生也，必顺四时而适寒暑……节阴阳而调刚柔。如是则僻邪不至，长生久视。"

大意：智慧之人的养生方法就是顺应春夏秋冬四季的寒暑变化来调适自己的生活；节制房事，劳逸适度。如此，则能有效地防御各种有害因素对身体的侵害，健康长寿。

《庄子·骈拇》："彼正正者，不失其性命之情……长者不为有余，短者不为不足……性长非所断，性短非所续。"

大意：那个最纯正、最正确的道理就是不失去事物的本性。长的不应看作多余，短的不能视为不足。本来长的不能截短，本来短的不能续长，应当尊重和发挥不同个体的特性。

2. 阴阳平衡

《道德经》第四十二章："万物负阴而抱阳，冲气以为和。"

大意：万物都包含着阴阳两个方面，阴阳二气互相交冲、互相激荡、互相交和，从而形成一种和谐的状态。

《道德经》第七十七章："天之道，其犹张弓欤？高者抑之，下者举之，有余者损之，不足者补之。天之道，损有余而补不足。"

大意：自然的规律不是如同弯弓射箭的道理一样吗？高了就要压低一些，低了就把它抬高一些。拉得过满了就把它放松一些，拉得不足就补充力量拉满一点。自然的规律，就是减少有余而补给不足。

《黄帝内经·阴阳应象大论》："阴阳者，天地之道也，万物之纲纪，变化之父母，生杀之本始，神明之府也。治病必求于本。"

大意：阴、阳存在于宇宙间，是万物变化的根本，阴阳的对立统一是天地万物运动变化的总规律，不论是空间还是时间，从宇宙间天地的回旋到万物的产生和消失，都是阴阳作用的结果。总之，阴阳是精神和智慧出入之所，是一切奥妙之所在。因此，治病必须要通晓和把握阴阳的变化这个根本。

《黄帝内经·素问·生气通天论》："阴平阳秘，精神乃治。"

大意：人体必须经常保持相对的阴阳相互平衡、相互协调，才能维持人体正常的生理活动，而使精力充沛，身体健康。

《黄帝内经·素问·生气通天论》曰："阳气者，若天与日，失其所，则折寿而不彰。"

大意：阳气好比天上的太阳，是人体物质代谢和生理功能的能量来源及原动力，如果阳气不足，寿命就会减短而暗弱不足。

3. 养正祛邪

《论语·述而》："饭疏食，饮水，曲肱而枕之，乐亦在其中矣。不义而富且贵，于我如浮云。"

大意：自己胸怀道义，所以吃粗粮，喝冷水，枕着胳膊而卧，却仍然乐在其中。这就是说，有理想、有志向的君子，不会总是为了自己的吃穿住而奔波。在贫困艰苦的情况下照样可以很快乐。不符合于道义的富贵荣华，如同天上的浮云那样不可靠，是不可接受的。

《黄帝内经·素问》："正气存内，邪不可干。"

大意：人体脏腑功能正常，气血充盈流畅，拥有坦荡正直的胸怀，保持平和稳定的心态，则风、寒、暑、湿、燥、火和疫疠之气等致病邪气难以侵袭，疾病无从发生。

《孟子·公孙丑上》："我善养吾浩然之气……其为气也，至大至刚，以直养而无害，则塞于天地之间。其为气也，配义与道；无是，馁矣。"

大意：我善于培养我拥有的浩然之气。浩然之气最为宏大刚强，依靠正直的意志去培养它，就会充塞天地之间，无所不在，勇往直前。这种浩然之气是与道义紧密联系在一起的，如果缺少道德修养的养护，缺少精神力量的支撑，浩然之气就会疲软衰竭，就会亏损而失去力量。

4.调神去怒

《周易·损卦·象辞》："山下有泽，损。君子以惩忿窒欲。"

大意：山下有水泽，这就是损卦的卦象。君子从中得到启示，克制自己的愤怒，塞止自己的欲望。

《黄帝内经·灵枢·本神》："故智者之养生也……和喜怒而安居处……"

大意：调和喜怒哀乐等情绪，情志舒畅、安然自在地生活，这是体悟了大道的有智者的养生之道（另两条是"顺四时而适寒暑、节阴阳而调刚柔。大意见上文）。

《黄帝内经·素问·举痛论》："怒则气逆，甚则呕血及飧泄……喜则气和志达，荣卫通利，故气缓矣……悲则心系急，肺布叶举，而上焦不通，荣卫不散，热气在中，故气消矣。恐则精却，却则上焦闭，闭则气还，还则下焦胀，故气不行矣……惊则心无所倚，神无所归，虑无所定，故气乱矣……思则心有所存，神有所归，正气留而不行，故气结矣。"

大意：大怒则使肝气上逆，血随气逆，甚则呕血；喜则气和顺而志意畅达，荣卫之气通利，所以气缓；悲哀太过则心系急迫，导致肺叶张举，上焦闭塞不通，营卫之气得不到布散，热气喻闭于中而耗损肺气，故说是气消；恐惧则使精气下却而升降不交，故上焦闭塞，导致气郁于下而下焦胀满，气滞不行；受惊则心悸动无所依附，神志无所归宿，心中疑虑不定，气机紊乱。思则心牵某事，以致正气留结而不畅，影响健康。这段话告诉人们，喜、怒、悲、恐、惊等情绪会影响气机的升降出人，如果不善于调节则不利于身心健康，严重者甚至可导致气机逆乱、气血失和、阴阳失调、脏腑功能紊乱，百病丛生。

《道德经》第七十六章："人之生也柔弱，其死也坚强；草木之生也柔脆，其死也枯槁。故曰坚强者死之徒，柔弱者生之徒。"

大意：人活着的时候身体是柔软的，而死了以后就变得僵硬；草木在生长之时枝叶是柔软的，死了以后就会变得干硬枯槁了。所以凡是坚强的东西，都是属于死亡的一类，容易被毁坏；凡是柔弱的东西，都是属于生存的一类，更有生命力。

《道德经》第四十二章："强梁者不得其死，吾将以为教父。"

大意：逞强好斗的强暴之人通常是没有好下场的，不得全寿而终，我把这句话作为教人做人的第一戒律。

5. 慈爱利人

《易经》的《坤卦·文言》："积善之家，必有余庆；积不善之家，必有余殃。"

大意：多做好事、多积阴德的修善之家，必然顺畅吉祥，还会给子孙带来喜庆之事；而作恶多端、缺乏善良之德的人家必然会种下祸根，引来诸多祸灾，还可能殃及子孙。

《道德经》第十三章："吾之所以有大患者，为吾有身，及吾无身，吾有何患?"

大意：我之所以有大的忧患，是由于过于关注自身，如能淡化自我，将关怀的重心转向其他不幸者或更需要帮助的人，往往可以减轻许多个人的忧伤。

《道德经》第七章："天长地久。天地所以能长且久者，以其不自生，故能长生。是以圣人后其身而身先，外其身而身存。非以其无私邪? 故能成其私。"

大意：天长地久。天地之所以能够长久存在，是因为它们不为了自己的生存而自然地运行着，所以能够长久生存。因此，有道的圣人效法天地，遇事谦退无争，反而能赢得民众的拥戴而处先；把自己的利益和生死置之度外，民众就会全力以赴地保护他的安危，反而能保全生命。难道不是由于圣人无私奉献吗？因此反而能够成就自我，赢得民众的敬仰。

《道德经》第八十一章："圣人不积，既以为人己愈有，既以与人己愈多"。

大意：得道的圣人不存占有之心，他努力地帮助他人、给予他人，自己反而更为充实、更为丰富。这精炼地概括了利他与利己的辩证关系。

《论语·雍也》："仁者寿。"

大意：具有仁德的人，乐观大度，怀有仁爱之心，有助于益寿延年。

《礼记·中庸》："故大德……必得其寿。"

大意：拥有崇高道德，达到道德自我完善境界的人，必然能够健康长寿。

《论语·述而》："发愤忘食，乐以忘忧，不知老之将至云尔。"

大意：发愤学习而忘记吃饭，陶醉于圣贤典籍之中而忘记忧愁，因此而充满着生命的活力，不觉得自己已是白发苍苍的老人，如此而已。

《论语·述而》："君子坦荡荡，小人长戚戚。"

大意：具有仁德的君子，以道义行事，心胸宽广，积极向上，因此乐观豁达，使自己处于心理平和的状态；而小人常常逆理而行，为名为利为欲所牵制，患得患失，因此常怀忧戚之心。

《法华经·授学无学人记品》云："无缘大慈，同体大悲，慈眼视众生，皆如己子。"

大意：对于和自己没有亲戚、朋友关系甚至从不交往或素不相识的人也要一样地予以仁爱和关怀；与一切众生休戚与共、骨肉相连，视他人的痛苦如自己的痛苦，将他们视作与自己同于一体；用仁慈的态度来对待众生，将他们都视为自己的子女那样爱护。

6. 虚静恬淡

《道德经》第十六章："致虚极，守静笃……夫物芸芸，各复归其根。归根曰静，静曰复命，复命曰常，知常曰明。不知常，妄作，凶。"

大意：使内心虚寂和宁静达到极致。世间万物，都各自归入他们的根源，归入到根源称为"入静"，"入静"就回复到生命之源，这是万物生长的常规。懂得了这个常规就可称为明智，不懂得这一自然规律，轻举妄动，就会招致凶险。这段话被后人奉为修身养性和体悟大道的基本方法，它也有助于现代人进行心理调养和精神抚慰，同时也被用于进行心理康复。

《黄帝内经·素问·上古天真论》："夫上古圣人之教下也，皆谓之虚邪贼风，避之有时，恬淡虚无，真气从之，精神内守，病安从来。是以志闲而少欲，心安而不惧，形劳而不倦，气从以顺，各从其欲，皆得所愿。故美其食，任其服，乐其俗，高下不相慕，其民故曰朴。是以嗜欲不能劳其目，淫邪不能惑其心，愚智贤不肖，不惧于物，故合于道。所以能年皆度百岁而动作不衰者，以其德全不危也。"

大意：古代懂得养生之道的圣人教导民众，都讲到对于虚邪贼风等致病因素应当及时躲避，内心要清静安闲而无杂念妄想，从而真气顺畅，精神内守，疾病就无从发生。因此，心志安闲而少有欲望，心情安定而无焦虑；形体劳作却不过度疲倦；真气因而调顺，各人都能依从自己所欲而实现心中愿望。人们对于自己的吃喝穿着等物质生活和风俗习尚都能知足常乐，也不在意相互之间社会地位的高低，这些人可谓是朴实无华。因此，那些贪图身体感官享受的各种嗜好和欲望不会引起他们注目而受到劳损，邪僻的事物也不能惑乱他们的心志。无论愚笨的、聪明的、能力大的还是能力小的，都不因外界事物的变化而动心焦虑，因此符合养生之道。他们之所以能够年过百岁而动作不显衰老，是由于合于道、保全心性而不被邪气干扰危害。

《黄帝内经·素问·上古天真论》："上古有真人者……呼吸精气，独立守神……故能寿敝天地，无有终时。"

大意：上古之时的得道真人能够呼吸天地精微之气，超脱世俗的干扰，凝聚精神而不外弛，因此能够与天地同寿，无有终结。

《黄帝内经·灵枢·本脏》："志意和则精神专直，魂魄不散，悔怒不起，五脏不受邪"。

大意：志意安和才能保持精神专一，形神合一，安住于体内，不会出现失魂落魄这种不正常的状态；没有懊悔、愤怒等不良情绪，心理安定，五脏功能就正常而免受邪气的侵袭。

《庄子·大宗师》："堕肢体，黜聪明，离形去知，同于大通，此谓坐忘。"

大意：忘却自己的形体，去除感官知觉和欲望，摆脱形体和心智的束缚，摒除一切杂念，与天地和自然之道融通为一，这就叫坐忘。

《金刚经》："应如是生清净心。不应住色生心，不应住声、香、味、触、法生心，应无所住而生其心。"

大意：应当这样来让自己的心处于清净的状态：不要执着于眼睛见到的、耳朵听到的、鼻子闻到的、舌头尝到的、身体感受到的以及大脑对一切接收到的信号（即色、声、香、味、触、法六尘）。也就是说，对于尘世间一切境界相，应当没有丝毫的起心动念，不执着于任何念头，不在一个念头或任何现象上产生执着，这才能生发清净之心。

《摩诃止观》卷八："诸病无非心作，心有忧愁思虑，邪气得入。"

大意：诸种疾病都由心而生发，都与情绪有关。如果内心被忧愁思虑所牵扰而不得安宁，各种致病因素就会乘虚而入。这就启示人们，要清除内心所受世俗之尘的蒙蔽，才能保证身体不受邪气所侵蚀。

《道德经》第五十九章："治人事天，莫若啬。……是谓深根固柢，长生久视之道。"

大意：无论是治理民众和养护上天给我们的身体，最重要的是要节俭朴素，不尚奢侈，这是根深固本、长治久安、寿命绵长的必由之路。

《道德经》第二十六章："虽有荣观，燕处超然。"

大意：对于华丽富贵的生活和优越的物质条件应当平淡处之，超然不顾。

《庄子·缮性》："轩冕在身，非性命也。物之傥来，寄者也。寄之，其来不可圉，其去不可止。故不为轩冕肆志，不为穷约趋俗，其乐彼与此同，故无忧而已矣。"

大意：荣华富贵不是性命以内的东西。这些外物的意外得来，只是暂时寄存于身的东西；这暂时寄存的东西，它的到来或失去都是不可以制止的。所以不必为荣华富贵而存心放肆，不应当因为穷困而趋从世俗。要超越世俗的物欲和名利的羁绊，保持淳朴的本性，而不随波逐流，不为声名、财货这些世俗的物质利益而丧失自我，不为外物所烦扰，因此就能无忧无虑。

《庄子·则阳》："安危相易，祸福相生，缓急相摩，聚散以成。此名实之可纪，精微之可志也。随序之相理，桥运之相使，穷则反，终则始，此物之所有。"

大意：安全和危险互相更替，祸福倚伏互生，缓慢和迅急互相影响，聚散生死因而形成。这是有名称事实可以识别的，有精微妙理可以认记的。依循四时相替的规律而相变，就像桔槔此起彼伏而升降运行的变化，物极则返回，终结而又复始，这是万物所具有的状态和规律。

7. 防微杜渐，重在预防

《道德经》第六十四章："其安易持，其未兆易谋。其脆易泮，其微易散。为之于未有，治之于未乱。合抱之木，生于毫末；九层之台，起于垒土；千里之行，始于足下……慎终如始，则无败事。"

大意：局面安定时容易维持，事情没出现先兆时易于谋划，脆弱时容易消解，细微时容易散失。应当在没发生问题时就及时予以处理；应当在没有发生动乱时就马上进行治理。合抱的大树生发于微小的苗芽；九层的高台需要通过一筐一铲的泥土进行垒筑；千里的远行开始于脚下的第一步。做事情要善始善终，坚持做到最后，即使在最后仍然要像开始之时那样慎重，这样就没有办不成的事。这段话启示人们要有发展变化的远见，防微杜渐，持之以恒，善始善终。

《黄帝内经·素问·四气调神论》："是故圣人不治已病治未病，不治已乱治未乱，此之谓也。夫病已成而后药之，乱已成而后治之，譬犹渴而穿井，斗而铸锥，不亦晚乎！"

大意：所以圣人不等病已经发生再去治疗，而是在疾病发作之前，调治那些还未明显表现出来的毛病；不等到乱事已经发生再去治理，而是在乱事还未发生之时就及时进行疏导和防治。如果疾病已经发生再去治疗，乱子已经形成再去治理，那就如同口渴了再去掘井，战乱发生了再去制造兵器，一切都晚了。这是告诉人们要防患于未然，做到未病先防，已病防变，不要等病入膏肓了才四处求医。"治未病"就是预防，就是养生。

主要参考文献

[1]孔子. 论语[M]. 北京：中华书局, 1979.

[2]老聃. 老子[M]. 上海：上海古籍出版社, 1988.

[3]吕锡琛. 道家思想与民族性格[M]. 长沙：湖南大学出版社, 1998.

[4]吕锡琛, 等. 道学健心智慧——道学与西方心理治疗学的互动研究[M]. 北京：中国
社会科学出版社, 2008.

[5]李国红. 现代养生与禅——论明心、见性为养生之本[J]. 兰州学刊, 2007(5).

[6]释圣凯. 禅与情绪管理[J]. 佛教文化, 2016(4).

第二章

诗词中的康养智慧

　　诗乃人生之韵、心灵之声，人类通过创作或吟诵的方式将喜怒哀乐的情绪宣泄和表达出来。中国传统诗词是人类文化宝库中的明珠，中国古代的经典智慧常常通过诗人诗化地表达出来，得到更为形象的传达和凝聚，被更多民众所理解、接受和传播；先贤的人生智慧、品格、境界、胸怀和修养也在诗词中得以积淀、浓缩和传承。

　　诗词不仅是抒情之窗，也是养心之方和疗伤之药。现代诗歌疗法研究者叶金梅曾分析这一疗法的原理，凭借着诗的想象，人得以进入巨大的无意识领域，用隐喻的语言符号言说原本混沌的经验，诗歌提供了一个高级的合法宣泄途径。与具有破坏性的单纯发泄不同，它通过语言手段导泄了多余的心理能量，而且使用隐喻、象征的手段引人产生审美移情，使人在从宣泄到升华的过程中，获得释放和审美愉悦，并实现精神上的提升，从而促进了心灵的健康发展。

　　著名诗词教育家叶嘉莹先生说："诵读古典诗词，可以让你的心灵不死。"叶先生95岁的高龄，还能为学生讲解诗词，她以自己的生命印证着这一真理。

第一节　诗歌怡情史久远

在中国历史上，中国先贤很早就通过诗歌来表达、宣泄和净化情感，并且认识到它所具有的怡情养性、调治心灵的功能。孔子曾经在与学生谈及学《诗经》的功能时说："可以兴，可以观，可以群，可以怨。"孔子在这里虽然说的是《诗经》的四种用途，但也从一般意义上道出了诗词的作用。意思是说，《诗经》可以由某物引发你的某种思绪；《诗经》可以开阔视野，读别人所赋之诗可以观得其志；在《诗经》言志和观志的基础上，则"可以群"，即可以群居交流切磋或"和而不同"，而不至于"独学而无友，则孤陋而寡闻"；通过赋诗而疏解或抒发心中的委屈、郁闷、愤怒等负面情绪，委婉地表达心中被压抑的情绪。

南朝的文学批评家钟嵘阐发了孔子《诗经》功能之观点，他在《诗品》中说："诗可以怨，使穷贱易安，幽居靡闷。"诗可以抒发怨恨，使人安于穷贱，隐居避世的人减少苦闷，平和地渡过人生的低谷或坎坷。

战国时期，稷下黄老学派的作品《管子》更是阐发了诗歌和音乐对于调适情绪的养生功能："凡人之生也，必以平正；所以失之，必以喜怒忧患。是故止怒莫若诗，去忧莫若乐……"意思是说，人的生命得以维持，必须让身体的各个功能保持平衡和正；如果失去平衡和正的状态，一定是因为喜怒忧患的干扰。可以抑制愤怒情绪的莫过于诗歌，可以消除忧愁的莫过于音乐。作者对诗、乐调节情绪、促进健康之作用的认识是透彻的。

宋代作品《唐诗纪事》则记载了以诗疗疾的实例：杜甫的好友郑之文之妻患有抑郁症，杜甫知道后对郑之文说："读我的诗可以治尊夫人之病，你只要让她每天反复诵读'夜阑更秉烛，相对如梦寐'即可。"郑之文的妻子遵嘱反复诵读，病情果然大有好转。

在中国历史上，以诗疗疾并非个案，陆游的《山村经行因施药》一诗就明白地叙述了他以诗句为村民治愈头风病的故事。诗云："儿扶一老候溪边，来告头风久未痊。不用更求芎芷辈，吾诗读罢自醒然。"诗中说，不需要用川芎、白芷这些医治头风的中药，只要读我的诗即可神清气爽，有助于痊愈。这并非陆游吹牛自夸，陆游的诗中贯穿豁达豪爽之气，读罢令人打开心结，心平气和，对于头风病引起的功能性头痛自然具有疏通疗愈之效。

有意思的是，清代学者张潮著有《书本草》，作者模仿药典将中国的典籍当作中药来分析其"药性""疗效"和"不良反应"以及"适用对象"。文中首先论述《大学》《中庸》《论语》《孟子》四书的"药性"和"疗效"："俱性平，味甘，无毒。服之清心益智，寡嗜欲。久服令人睟面盎背，心宽体胖。"接着，又认为《诗经》《易经》《尚书》等五经的"性味"和"疗效"类似四书，"俱性平，味甘，无毒，服之与四书同功"。这大约是历史上最早的"诗疗药方"吧。

在19世纪初，西方也有学者认为诗歌可以用来治疗精神上的疾病。莫里森在诗人罗伯特·格雷夫斯的词句里找到了诗歌可用来治疗之佐证，诗人说："精选的诗集可以用来诊疗常见的精神上的错乱，平时也可以作预防精神疾病之用。"法国著名思想家、文学家罗曼·罗兰也声称，泰戈尔的诗歌《吉檀迦利》给了他抚慰和疗救。

运用诗歌抚慰心灵的典型人物是美国的艾米莉·狄金森（Emily Elizabeth Dickinson，1830—1886），由于情感上受到挫折，她有三十年的时间闭门不出，但她在诗歌创作中找到了抒发内心思想和情感的出口。她为自己写作，却在有生之年没有主动发表过一首诗作。在她死后，人们在一个抽屉里发现了她藏在那儿的好多成捆的诗歌作品，数量多达一千八百首。于是，她不仅被公认为是开创了美国现代诗歌新纪元的著名女诗人，同时也是通过诗歌以疗愈心灵伤痛的实践者。

诗歌成为一种较成熟的治疗方法是在 20 世纪上半叶。1925 年，罗伯特·黑文·肖夫勒撰写了《诗歌诊疗：袖珍的诗歌药箱》，这本书以"开处方"的方式为来访者不同的情绪问题提供不同的"诗歌药方"。有一章辑录了多篇诗作，肖夫勒就将这一章命名为"治疗焦灼的镇静剂"。他还写了"说明书"来提醒读者，同样一首诗歌对不同的人会产生不同的作用，要慎重使用这些"诗歌处方"。

将诗歌作为精神性疾病的治疗方法或心理危机干预手段始于 20 世纪 60~70 年代。1969 年，美国成立了诗歌疗法学会，美国洛杉矶大学的心理学教授阿瑟·勒内（Arthur Lerner，1915—1998）是"诗疗"这一新医术的积极倡导者，他主张让病人特别是精神疾病患者选择对的诗歌，反复吟诵以获得感情上的支持与感染，排遣心理上的烦恼，缓解内心深处心理冲突。勒内在 20 世纪 80 年代创立了加利福尼亚恩西诺诗歌治疗研究所、国际诗歌治疗协会，并担任机构的负责人。从此，诗疗成为一种具有国际性的心理治疗方法。在意大利，由于吟诗养生的盛行，还催生出了诗疗师这一新兴职业。诗疗师需要精通诗学、韵律学、心理学等各方面的知识，必须考取相应的资格证书才能上岗；他们根据不同人群的病情，选择不同类型的诗歌进行"治疗"。日本许多医学家也认为，吟诗是一项十分有益的健身活动。近几年来，更是出现了"吟诗热"，愈来愈多的人参加到吟诗活动中来。在中国，吟诗实际上已经扩展到对于诗词歌赋甚至散文的朗诵吟读，具有更为广泛的内容。

从严格意义上来说，诗歌疗法是一种现代心理治疗方法，即通过诗歌欣赏和诗歌创作来治疗精神性疾病，尤指在突发事件中用诗歌进行有效的心理危机干预。需注意的是，心理治疗方法应当由专业的心理治疗师来实施，而本书则是从文化康养的角度来讨论诗词的怡情养性和自我心理调治的功能，与严格意义上的诗歌疗法有重要区别，但有些方式可以参考。诗词怡情调心的功能主要通过欣赏、诵读诗歌和诗歌创作等方式来体现和实施。

第二节　宣气励志慰众生

实践证明，在诗歌疗法的吟唱、诵读、抄写、鉴赏等不同形式中，吟诵是最有疗效的。在吟诵过程中，诗的音乐性与文字的表意功能共同作用于身心，产生康养作用。

吟诗者要肌体舒展，最好保持站立姿势，用腹部呼吸，准确发音，如此反复进行，达到吐故纳新的目的；吟诗有助于增强人的肺活量，改善心肺的呼吸功能，使大脑的兴奋与抑制达到相对平衡，将神经细胞调节到最佳状态，释放和缓解孤独感、失落感等负面情绪，提高大脑神经的敏感度，促进血液循环和体内新陈代谢。豪放的诗词让人荡气回肠、情绪振奋；山水诗词让人胸襟开阔、心旷神怡。在吟诵的过程中，可以放松情绪，摒弃俗念，集中注意力进入诗的美妙境界，并陶醉于其中，使肌体分泌出有益的激素和酶，以促进血液循环、刺激神经细胞的兴奋和脏器的代谢活动，有益身心健康。

诸多实例证明，诵读、赏析超越和战胜困顿的诗词作品，可以获得启迪，化解人生的苦难，提升自己面对困境和失败的勇气，让负面情绪得到宣泄，获得超越困境和失败的勇气。很多中国人都有过诵读毛泽东的诗词而激发出豪情壮志的体验，如这些大气磅礴、雄浑壮阔的诗句："红军不怕远征难，万水千山只等闲。五岭逶迤腾细浪，乌蒙磅礴走泥丸""雄关漫道真如铁，而今迈步从头越""数风流人物，还看今朝"，这是一代伟人在冲破强敌的围追堵截，历尽征途无数艰难险阻而抒发的雄声，读来令人豪气顿生，是中华民族战胜一切困苦的精神财富！

笔者曾与一位复员军人交谈，他说，当年在部队服役想家的时候，读到传为李白的《菩萨蛮·平林漠漠烟如织》一词引发了强烈的共鸣，也让思乡之情得到了释放和疏解。同样，人们诵读苏轼的"但愿人长久，千里共婵娟"，可以抒发和抚慰离愁别恨；读辛弃疾的"气吞万里如虎"，则让人提升豪情和勇气；诵读李白的"两岸猿声啼不住，轻舟已过万重山""天生我材必有用，千金散尽还复来""长风破浪会有时，直挂云帆济沧海"等诗句，就会被他不畏坎坷、旷达超脱的胸襟所感染，直面当下的艰难险阻，不惧讥讽嘲笑，勇敢地跨过激流险滩；人到暮年，吟诵起"老夫聊发少年狂""烈士暮年，壮心不已"等诗词时，往往能提振精神，生发出老当益壮的豪情；当读到白居易的"生事纵贫犹可过，风情虽老未全销"诗句时，又会被洋溢于诗中的乐观、开阔心怀所感染，念吟起来心胸愉悦，处于平和的心理状态；而读到白居易的"闲心对定水，清静两无尘。手把青筇杖，头戴白纶巾。兴尽下山去，知我是谁人"诗句时，诗中洋溢的游山玩水的生活情趣，会将人们带入自然山水清静宜人的意境，好似感受到了扑面而来的清新山风，令人心旷神怡。

北宋理学家邵雍的《心安吟》一诗更是直接体现出欣赏和吟诵诗歌的安抚作用。诗云："心安身自安，身安室自宽。心与身俱安，何事能相干？谁谓一身小？其安若泰山。谁谓一室小？宽如天地间。"这里所说的"心"，不是解剖学意义上的血肉之心。古人认为，"心"是思维的器官，思想、感情、意念、精神都统称为"心"。"心"主宰着人的思想和行为，心安对身安有着重要影响，心神安和才能让身体感到安全和宁静；而身心俱安可让人超越有形、有象的物理空间，不再受居室的束缚，超然物外，一切外在事物或力量都无法对行为主体产生干扰。邵雍能够"心安"，是因为他实现了精神层面的超越："自我心存道，外物少能逼。"欣赏和吟诵这样的诗句，不仅能让人体会到心灵安和的重要性，而且更有助于平和心态，安顿身心，超越世事的纷扰和苦恼，修养心性。

人到老年，常常容易愁肠百转，忧思万千，一些人爱把自己比作"秋风落叶""日落残阳""风中残烛"等，这就很容易陷入伤感的泥潭，不利于身心健康；但有的老年人又强调及时行乐，希图从声色酒浆中寻求精神寄托，这是否合适呢？如何在平常生活中寻找某种平衡？南宋诗人范成大的《读白傅洛中老病后诗戏书》一诗，或许对我们有些启示。此诗是针对白居易《老病》一诗而发表的感慨。《老病》诗云："昼听笙歌夜醉眠，若非月下即花前。如今老病须知分，不负春来二十年。"前两句展现出一种醉生梦死的生活状态，而后句则表达的是进入老年多病状态后，对于原来无度的放纵享乐行为的反省和收敛。范成大的诗对白居易的生活态度做出了委婉的批评，并就"如今老病须知分"这一话题进一步发挥，诗中写道："……谓言老将至，不饮何时乐。未能忘煖热，要是怕冷落。我老乃多戒，颇似僧律缚。闲心灰不然，壮气鼓难作。岂惟背声尘，亦自屏杯酌。日课数行书，生经一囊药。若使白公见，应讥太萧索。当否竟如何？我友试商略。"可以看到，范成大不赞同白居易原来一味沉溺于"昼听笙歌夜醉眠"的生活方式，进而发挥其中"老病须知分"的反省，倡导过一种有所节制的晚年生活，虽然远离声色歌舞，自屏杯酌，但找到了更为有益于身心的方式——读书作诗。此诗不仅启示老年人要追求健康的晚年生活，也不乏为人处世的启迪。更值得注意的是，他坦言自己的生活方式，却并不固执己见，而是以宽容开放的胸怀与朋友讨论，表现出了一种非常健康的心态，将自己的情绪安放在心志平和、乐观舒畅的良性循环之中。

第三节　抒怀平意长精神

诗歌创作是一种寄托情绪的创作手法，更是有助于作者排遣负面情绪、促进心理平衡和精神升华的活动。研究结果显示，身体健康的个体长期书写表达可以有效地保持健康，减少焦虑和抑郁，提升自我调节能力和自我效能感。台湾诗人余光中的"乡愁诗"是为了心理治疗而写作的，写出的也是诗疗诗。正是通过在人生的不同时期不停地写"乡愁诗"，余光中不但让自己的心理更健康，还找到了"回家的路"。

诗人敏感且情感丰富，最能体察并呈现人性深处的欲望。诗歌或多或少都带有诗人主体性的痕迹，能在不同程度上满足诗人表达的需要和释放的冲动。《诗歌诊疗：袖珍的诗歌药箱》的作者罗伯特·黑文·肖夫勒也谈过诗歌的自疗特征，认为真正能起到疗效的诗，其实在作者构思酝酿之时就已经开始它的"诊疗事业"了，它的第一个诊疗对象就是诗人自己。

在诗歌创作的自疗功能方面，刘禹锡创作的《酬乐天扬州初逢席上见赠》就是一个例证。刘禹锡在贬谪二十三年后回到扬州与好友白居易重逢，见到离别多年的好友，白居易感慨万千并作诗相赠，表达出对刘禹锡不幸命运的慨叹和不平，称赞了刘禹锡的才气与名望，同辈的人都升迁了，只有他在荒凉的地方寂寞地虚度了年华。于是，刘禹锡作诗酬答挚友，他接过白诗的话头，着重抒发在此特定情境中的感情。诗云："巴山楚水凄凉地，二十三年弃置身。怀旧空吟闻笛赋，到乡翻似烂柯人。沉舟侧畔千帆过，病树前头万木春。今日听君歌一曲，暂凭杯酒长精神。"诗的开头几句虽然感慨谪居在荒凉的巴山楚水二十三年，重新回来发现世事全非，恍如隔世，许多老朋友都已去世，只能徒然地吟诵"闻笛赋"以表示悼念，又用晋朝王质观人弈棋而烂柯的典故表现世事的变迁及生疏而怅惘的心情。但他转而自我安慰，在酬赠诗中写道："沉舟侧畔千帆过，病树前头万木春。"诗中以沉舟、病树比喻自己，固然感到惆怅，却又相当达观。沉舟侧畔，有千帆竞发；病树前头，正万木皆春。反而劝慰白居易不必为自己的寂寞、蹉跎而忧伤，对世事的变迁和仕宦的升沉表现出豁达的襟怀。二十三年的贬谪生活，并没有使他消沉颓唐，在朋友的热情关怀下他振作起来，于是高唱道："今日听君歌一曲，暂凭杯酒长精神。"意为让我暂且借酒来振奋精神吧！朋友赠诗让刘禹锡备感安慰，他也通过酬赠诗宣泄了心中的惆怅和感慨，抒发了坚韧不拔的意志和豁达乐观的情怀。诗人不仅对过往人生低谷做出了潇洒的告别，更是对未来充满了达观和希望，向人们展现了以诗歌实施自我疗愈的过程。

诗词的自我疗愈意义在苏轼这里也有充分展现，请看他的《定风波·莫听穿林打叶声》："莫听穿林打叶声，何妨吟啸且徐行。竹杖芒鞋轻胜马，谁怕？一蓑烟雨任平生。料峭春风吹酒醒，微冷，山头斜照却相迎。回首向来萧瑟处，归去，也无风雨也无晴。"

大意为：外出途中遇雨，同行者狼狈奔逃，苏轼却顶风冒雨徐步前行，还对雨吟啸。"我有竹杖芒鞋轻快胜马，何所畏惧？"进而，由眼前的风雨拓展到整个人生，"一蓑烟雨任平生"，人生的风雨且随它去，我自岿然不动。这首词传达出了一种搏击风雨、笑傲人生的轻松、喜悦和豪迈之情，鲜明地展现出了苏轼面对人生的风风雨雨而我行我素、不畏坎坷的超然情怀。这也正是苏轼的人生写照。

苏轼被小人陷害而身陷囹圄，乌台诗案冤狱差点让他丢了性命，后来他被贬逐到黄州，生活困顿，"平生亲友，无一字见及"，过去的朋友没有问候或写信联系，也没有回复一个字。这位平日喜爱热闹和交友的人陷入了前所未有的寂寞和痛苦之中。在这段痛苦的时期，他的心灵回归本真淡泊，情感和艺术天赋在诗词创作中得到升华，落寞、激愤、不平等种种负面情绪在诗词创作中得到排遣。他写出了"大江东去，浪淘尽，千古风流人物"的《念奴娇·赤壁怀古》；写出了"蜗角虚名，蝇头微利"看透命运的《满庭芳·蜗角虚名》……诗词帮助他不再沉溺于苦难之中，而是直面困境、跳出困境，转而化之，成为超脱于外、俯瞰困境的观察者。这正是一种心理调适的方式，于是便有了淡看风雨，"一蓑烟雨任平生"的豁达。

接下来，雨过天晴，"山头斜照却相迎"。自然界的风雨变化无常，政治"风雨"何尝不是如此？官场上的政治风云、人生中的荣辱得失又何足挂齿？不管是身居高位还是放逐天涯，不管是受到帝王宠信而内召，还是遭奸臣陷害而外贬，都要持守节操，放宽心胸，坦然面对这坎坷人生和荣辱得失，"归去，也无风雨也无晴"。我自宠辱不惊，回归心中的桃花源。在这生命困顿的黄州生涯中，苏轼也实现了人生的升华。今天我们诵读这首清旷豪放、饱含哲理的作品，透过其中平常的生活片段，依然能体味苏轼祸福相倚、宠辱不惊、恬淡豁达的处世智慧，令人心胸开阔，增添坦然面对困境和失败的勇气。

当代诗人北岛也承认诗的治疗功能。《南方人物周刊》记者刘子超在采访他时问道："是什么帮您度过了最艰难的时刻？"北岛回答说："第一是写作，写作首先是与自己对话，相当于心理治疗。在写作中，你才会不断重新定位，确定生存的意义……"

诗词创作的心灵抚慰功能，在历经艰辛却仍然不屈不挠的著名诗词教育家和诗人叶嘉莹先生的身上也得到了充分的展现。在她十几岁时，父亲失去音讯，母亲忧思成疾去世；叶先生结婚后不久就迁居台湾，她的丈夫经常不可理喻地暴怒，叶嘉莹成了首当其冲的发泄对象。生活的重担已把她压得透不过气，丈夫又加重了她的身心负担。叶嘉莹独自挑起生活的重担，为供给一家老小的吃穿用度，她翻字典查生词备课，用磕磕巴巴的英语讲授中国古典诗词。她还忍受着待业在家的丈夫暴躁孤僻的性情，经常遭受丈夫的谩骂与呵斥。身心俱疲的她经常噩梦连连，近乎窒息，她想过开煤气自杀，但在最后一刻停住了手，是诗词让她解脱痛苦、疏解压力。在拿到学校的终生聘书后，叶嘉莹以为自此就能安稳度日了，不料却再生变故。1976年，她的大女儿和女婿遭遇车祸，双双亡故。在这巨大的打击下，她把自己关在家里，拒绝接触外面的一切，写下了10首《哭女诗》。诗词又帮助她排解失亲的悲伤，更给予她走出生死劫难的力量。

在诗词数十年的熏陶下，叶嘉莹先生自创了"弱德之美"这一概念。她说，诗词之美，是"弱德之美"，是在外界的强大压力之下，不得不自我约束和收敛以委曲求全的一种品质，要把内心的感情收起来，是一种持守、一种道德，而这种道德是在被压抑之中都不能表达出来的。在她看来，"弱德"不是软弱，是在最困难的时候，仍有一股精神力量支持自己。"弱德之美"不仅是叶嘉莹先生对诗词之美的提炼，更是对她本人品格的最好概括，因为她本人就有"弱德之美""淡而化之"的性格。这种将人生的苦难"淡而化之"，在外界的强大压力之下，自我约束和收敛以委曲求全的"弱德"，正是《道德经》所推崇的"柔弱胜刚强""守柔曰强"之"柔"，同时也是苏轼、陆游、辛弃疾诗词中那些坚韧不拔的智慧在叶嘉莹先生身上的结晶。

叶嘉莹先生不仅从诗词创作中获得生命的能量，同时也用诗词之舟度化了无数中国人，她曾吟诗："书生报国成何计，难忘诗骚李杜魂。"她"报国"的重要方式就是教书育人，在她看来，"人生总有一天会像燃烧的火柴一样化为灰烬，如果让这有限的生命之火为点燃其他木柴而继续燃烧，这火种就会长久地流传下去"。的确，她一直努力践行着"薪尽火传"的生命赞歌，长达70年的执教生涯让她的生命无比充实。她至今已是98岁的高龄，"一生颠沛流离，却度人无数"，正是对她诗词教学生涯所做出的概括。人生最大的困难是找到意义和价值，她以一生的追寻圆满解答了这一难题。

另外，在了解诗歌创作的怡情疗心功能时，会发现一个不可回避的现象。纵观中外文学史，诗人群体的高死亡率让人痛惜：18岁服砒霜自杀的托马斯·查特顿、30岁自缢身亡的叶赛宁、31岁用煤气结束了生命的普拉斯……还有36岁的拜伦、37岁的彭斯都因病而亡。当代美国"自白派"中有4位以诗歌对抗精神疾病，但其中三位最终通过自杀结束了自己的生命。在中国诗人中，李贺26岁就因病早逝了，纳兰容若30岁也因病去世，叶青、顾城和海子也以自杀结束了生命。

诗人的短寿成为人们关注的焦点。这些诗人的英年早逝或许各有其自身原因，但他们的生活大多长期抑郁感伤、焦思苦吟，很多人天生就多愁善感，具有忧郁的气质，这恐怕是一个重要的原因。早在公元前4世纪，亚里士多德就曾这样问道："为什么所有在哲学、诗歌或艺术领域的人都是忧郁的呢？"忧郁是哲学家、艺术家的通病，连苏格拉底、柏拉图也不例外，他们都是忧郁的常客。可能也正是这种多愁善感和忧郁气质才让他们的心灵与诗歌艺术更为接近，留下了许多充满人性、打动人心的美丽诗句。从这一角度来说，他们是在用自己宝贵的生命创作人类的艺术瑰宝，这一现象令人痛惜，令人遗憾。

以上案例是否就否定了诗歌的治疗功能呢？不少研究者否定了这一说法，因为从本质上看，正是写诗缓解了他们的病情并延迟了自杀时间。长期面对躁郁症的反复发作，叶青的情绪徘徊于"躁"与"郁"的两极之间，但忧郁状态的失落悲伤更让她的诗行有强烈的疾病自白与自疗意涵。海子的经历同样也能证明诗歌疗法的存在价值及新诗的治疗功能，他于自杀前两个月写诗既是审美的需要，也是缓解"神经过敏的需要"。如果按照世界卫生组织关于人的健康的指标——躯体健康、心理健康和社会协调能力等来衡量海子，不难发现，他是不健康的人。诗歌疗法研究者王珂认为，海子的自杀主要源于精神疾病。《面朝大海，春暖花开》抒发的是处在心理危机中的精神病人的焦虑性情感。

诗歌影响心灵的过程是一种复杂的化合反应，不仅涉及诗的主题、风格、精神面貌和感染强度，也关系到读者的感受能力、文化程度、生活经历、心理境况等。诗歌和药一样也有"药理"和"毒理"，不论阅读还是创作，我们在运用诗词调心时，也要注意需要针对具体情况灵活运用，关于这方面的内容请参见本章的第五节。

第四节 摄生诗词启世人

在我国的历史长河中，不少文人墨客都善于养生，常把他们的养生之道浓缩于诗句之中，因此古代诗词中有着大量养生保健的内容。

最有代表性的养生诗作是明朝内府御医、92 岁高寿者龚廷贤写的《摄养诗》，这是他根据多年从医治病、保健养生的实践，归纳出的一套有关"吃喝玩乐"的养生经验，载于他著的《寿世保元》一书中。诗云："惜气存精更养神，少思寡欲勿劳心。食惟半饱无兼味，酒至三分莫过频。每把戏言多取笑，常含乐意莫生嗔。炎凉变诈都休问，任我逍遥过百春。"这首诗的开头便告诫人们要好好保养精、气、神。中医认为，精、气、神是人生"三宝"，是祛病延年的内在因素，精与气是神的物质基础，精气足则神旺，精气虚则神衰。接着将养生保健寓于日常生活之中：要防止思虑过多，节制物欲；要限制进食，不宜过饱，更不能暴食；可适当饮酒，但应杜绝酗酒；特别是为人要乐观豁达，淡泊名利，弃诈守朴，方能延年益寿，逍遥百岁。这首诗高度浓缩了养生之要点，可谓是一位老寿星延年益寿的秘诀。

民间也流传着一些养生诗。如，在明代学者邝露根据他在广西各地见闻撰写的笔记《赤雅》中，不仅记载了明末广西的山川景物、风俗民情以及神话传说，而且收载了一首五言养生诗："避色如避难，冷暖随时换，少饮卯时酒，莫吃申时饭。"意在告诉人们要想健康长寿，应当节制房事；随气候变化及时更换衣裳；清晨之时空腹不饮或少饮酒，以免刺激胃黏膜，伤害肝脏；也不要过早(下午 3 点至 5 点)吃晚饭，这可以保证在入睡之前没有饥饿的感觉，比较容易入眠，提高睡眠质量。这首诗通俗易懂，明白简洁，可谓集中了民众的养生智慧。

不少诗人也留下了总结养生经验的诗歌。如，白居易晚年曾写作

《负冬日》一诗："杲杲冬日出，照我屋南隅。负暄闭目坐，和气生肌肤。初似饮醇醪，又如蛰者苏。外融百骸畅，中适一念无。旷然忘所在，心与虚空俱。"从表面上看，这首诗描写了白居易在阳光和煦的冬日享受日光浴的情景，但细品起来，并非仅止于此。这是一首静坐修练的情景诗。白居易背向着阳光闭目静坐，致虚守静，真气生发，百脉通畅，充满了盎然生机，颇有《庄子》中"离形去知，同于大通"的坐忘境界，可见他的功夫之深。白居易享年 74 岁，在当时算是一位寿星，这不能不得益于这些闲适的生活方式。

苏轼享年 64 岁，这在当时还算不错，虽然生命的长度比不了白居易、陆游等寿星，但其生命的丰厚与多彩也令人感佩。他也留下了不少饱含生命智慧的诗词，如，他在《乔太博见和复次韵答之》中慨叹光阴似水，健康时光短暂，诗中说："百年三万日，老病常居半。其间互忧乐，歌笑杂悲叹。颠倒不自知，直为神所玩。须臾便堪笑，万事风雨散。"如果人的生命能活到百岁，算起来也只有三万多天，而其中年迈病痛要占据一半，睡觉不知不觉中又占掉一大半，生活中还夹杂着多少悲伤、烦恼和忧虑，如此说来，平和欢歌的时光实在是少之又少！既然如此，那就让我们保持豁达乐观的心态，笑对人生，宠辱不惊，"须臾便堪笑，万事风雨散"。他还说，自从懂得了这个道理，就注意疏远年少时纵情玩乐的朋友，转而修身养性，克制口体之欲（"自从识此理，久谢少年伴"）。于是，他自觉做到"我饮不尽器，半酣味尤长"。这些浓缩着宝贵人生经验的诗句，足以警醒世人，启示人们理性地认识人生，珍重生命，养护生命。

苏轼还在诗中介绍自己的防病养生经验，《固脾》一诗写道："固脾节饮水，游乐多行走。盘腿擦涌泉，闲坐观菖蒲。地黄芪门煎，酌饮蛤蜊酒。长食茯苓面，常餐杞菊肴。"按照中医的理论，脾是人的"后天之本"，是人体生命活动的根本，脾主运化，运化水谷精微，将营养物质吸收转化为气血津液并输送至全身，又将食物残渣下输于大肠，经大肠传导将糟粕排出体外，因此养护脾脏是养生的重要内容。苏轼的这首诗，既谈到了调养脾胃的食疗方法，又有起居运动、穴位按摩和药物预防，是非常实用的养生参考。

南宋爱国诗人陆游生于战乱，一生戎马，却享有85岁高寿，一生写诗近万首，可称多产诗人，而这与他深谙养生之道不无关系。陆游创作的诗歌既蕴含着忧国忧民的政治抱负，又包含着善于养生延年的高深智慧，除了大量的爱国诗，还有很多闲适诗，可以从中获得诸多养生启示。

陆游力主抗金却未被采纳，并遭到主和派的排挤和打击，曾长期落职闲居，但依然不计较个人得失，心系国家之安危，百姓之安乐，保持广阔豁达的胸怀："放翁胸次谁能测？万里秋毫未足宽。"（《小市》）他在仕途受挫而退隐山林时曾写下《山居》一诗，诗中写道："茶磑细香供隐几，松风幽韵入哦诗。溪边拂石同儿钓，竹下开轩唤客棋。几许放翁新事业，不教虚过太平时。"这不仅体现出陆游身处困境时的生存选择和生活方式，而且也启示人们，在遭遇挫折或失意时，不应颓唐忧郁、虚度光阴，可放下世俗的烦恼，亲近大自然，去溪边垂钓，在松风幽韵中吟哦、品茗、弈棋、游憩，将生命安顿在雅致的生活中，开辟新的人生境界。

陆游常在诗中谈及自己的养生经验，如，他有《食粥》一诗："世人个个学长年，不悟长年在目前。我得宛丘平易法，只将食粥致神仙。"米粥绵长而细软，易消化，长期食用可养胃健脾。有时，他还在粥中加入山药等健脾补肾之品，如诗"秋夜渐长饥作祟，一杯山药进琼糜"所言。他亦善于劳逸结合，"晨晡节饮食，劳佚时卧起。藉臼米长生，耄期直易尔。"《午梦》云："苦爱幽窗午梦长，此中与世暂相忘。华山处士如容见，不觅仙方觅睡方。"说明了睡眠的重要性。他还坚持修炼气功，"闭户惟须学坚坐，不知更败几蒲团"。正是养生有道，坚持不懈，才使他晚年耳不聋、眼不花、背不驼,可远足,"眼明可数远山叠,足健直穷流水源""已迫九龄身愈健,熟观万卷眼犹明",健康地活到了85岁的高龄。他留下的这些养生诗句,对教导后人如何保持身心健康具有积极意义。

第五节　对症寻方自安然

如前文所述,诗歌治疗是一种心理治疗方法,它主要应由专业的心理治疗师来实施。本节主要是借鉴诗歌治疗的一些思路或方法,从文化康养的角度,以诗歌作为宣泄、传达感情的手段来进行康养和自我心理调治,提升个体的心理健康水平,而不是越俎代庖,替代专业的心理治疗师实施诗歌疗法。

诗疗专家肖夫勒曾强调诗歌治疗的适用性问题,需慎重应用。钱志富等人也认为,要认真考虑诗歌疗法这一领域的构成元素是什么,什么样的人才能成为好的诗歌治疗专家,什么样的病人适合采用个人诗歌疗法,什么样的病人适合采用小组诗歌疗法,诗歌疗法有什么不良反应,检验治疗效果的措施是什么;同时,应努力澄清什么技术、模式或哪一个思想流派最适合诗歌疗法,并且病人从中受益最多;还要考虑什么样的人群适合什么样的诗歌,什么样的病人适合什么样的诗歌,不允许将适合自己的诗歌强加于他人,防止自身的局限性妨碍他人的成长,应该认识到人的局限性和潜能;等等。

在我们进行诗词康养的操作时,以下观点同样值得参考。

首先,应当在内容上有所选择。具体来说,就是要选择令人心胸开阔、豁达乐观、敢于超越和战胜困顿的作品。如,对于高血压患者的调养,应轻声吟哦描写恬静的自然风光的诗;对于抑郁者来说,一定要避免伤感、消沉的诗词,如南唐李后主李煜的"问君能有几多愁,恰似一江春水向东流"、苏轼的"相顾无言,唯有泪千行"、李清照的"这次第,怎

一个愁字了得"等悲悲切切的词句，而应当高声吟诵李白的"长风破浪会
有时，直挂云帆济沧海"、苏轼的"老夫聊发少年狂"、辛弃疾的"气吞万
里如虎"等豪放派的诗词。

其次，人们在欣赏诗歌时，对于诗句的理解和情感上的共鸣虽然同
多于异，不大可能将一首豪情万丈的诗词理解为悲伤痛苦的呻吟，但无
论是诗歌还是音乐欣赏，都存在着不同欣赏者对作品理解的多样性或差
别性。正所谓"诗无达诂"，即对诗歌的解释不可能达到最完满的、一成
不变的境界，因为诗歌所表达的内容可能是多样的。更重要的是，欣赏
者的欣赏趣味是随着时代发展而不断变化的，不同欣赏者的理解能力和
角度也会见仁见智。对于同一个作品，不同时代的人可能有完全不同的
理解，同一时代的不同个人也可能有不同的理解。可见，诗歌调养的应
用是有限度的，它只能作为一种补充性的调节手段。

为了方便人们进行自我心理调治，笔者借鉴诗歌治疗的方法并结合
阅读的经验，尝试提出运用诗词进行自我心理调治和康养的建议，同时
按照诗词的内容分类提出一些有助于心理调治的参考性资料，以作为诗
歌康养的操作参考。

1.同情共鸣，释放负面情绪

可选择一些与自己心境相同或相似的诗歌进行聆听或诵读，与之发
生共鸣，以释放相应的负面情绪，发现自己的问题。除此之外，也可以
自己写诗，自由地表达心中的郁闷、愤怒、孤独等负面情绪。此时不必
过分在意或追求诗歌的质量，而是通过创作或诵读这些诗词来发泄相应
的负面情绪。

2.寻找"药"方，对症下"药"

行为主体在发泄或觉察到自己相应的负面情绪之后，根据实际情况

寻找合适的具有治疗意义的诗词歌赋或散文段落,有针对性地聆听或诵读这些作品,从中获取积极的启示和正面的能量,从而帮助自己摆脱负面情绪的困扰,提升正气,增强战胜困境的勇气和力量。

下文列出了一些诗词调心的"药方",以供参考。

(1)对治自卑、失意或自以为是、争胜等心理。

其一,唐代玄览《题竹》:

欲知吾道廓,不与物情违。

大海从鱼跃,长空任鸟飞。

诗的大意是说,希望体悟"道"的辽阔广大,而它的核心就是道法自然,不违背事物的本性,按照自身的本性和规律发展。正如鱼儿在大海中自由地腾跃,鸟在长空中展翅飞翔,启示人们:万物各具个性,应当尊重不同的"物情",任由它们发展自己的特长,尽情地在各自的世界中"跃"和"飞"。人应当志存高远,置身于广阔的大地和高远的天空之中,纵横驰骋,任意翱翔。人们熟知的"海阔凭鱼跃,天高任鸟飞"的箴言,正是从这首诗演化而来的。

其二,宋代赵抃《次韵郁李花》:

花县逢春对晓晖,朱朱白白缀繁枝。

梅先菊后何须较,好似人生各有时。

花儿在春天对着朝阳怒放,万紫千红开满了枝头。梅、菊被人们赋予了美德,毫不计较开放时间或早或迟。郁李花也同样具有谦逊的品格,梅花先于它,它不嫉妒;菊花后于它,它也不自傲。花开先后各有时,又何须为之计较?诗人因此启示人们:"好似人生各有时"。每个人的一生各有其时,不必在意得失、成败、荣辱,飞黄腾达者也有末日,穷困潦倒者不无转机。总之,人生在世,努力向上,做好自己,各尽其能,各得其所,不负此生,足矣!

其三,宋代苏轼《轼在颍州,与赵德麟同治西湖,未成,改扬州。三月十六日，湖成，清麟有诗见怀，次其韵》：

太山秋毫两无穷，巨细本出相形中。

大千起灭一尘里，未觉杭颍谁雌雄。

诗的大意是说，泰山的大和秋毫的小都是无穷的，很难说孰大孰小。因为大和小是相互比较、相对而言的。大千世界的形成和毁灭都不过是在一粒尘土中而已，杭州西湖与颍州西湖又不过是大千世界中微乎其微的东西，有什么雌雄可比呢？启示人们放开眼量，不要拘泥于外物，也不必争论高下。

其四，宋代卢钺《雪梅》：

梅雪争春未肯降，骚人搁笔费评章。

梅须逊雪三分白，雪却输梅一段香。

梅花和雪花都认为各自占尽了春色，谁也不肯服输。人们难以评议梅与雪的高下。其实它们各有长处，梅花不如雪花那样晶莹洁白，雪花却没有梅花那般清香。这首诗启示人们，人的特点千差万别，各有自己的优长和缺点，因此，任何人都不应怀有自卑心理，不必自暴自弃，也不应争强好胜，自以为是。人与人应该相互欣赏，相互补充，扬长避短，找到自己在人世间的合适位置。

其五，元代倪瓒《题兰画诗》：

兰生幽谷中，倒影还自照。

无人作妍暖，春风发微笑。

一朵野花开在幽深的山谷，没有名贵的身份，无人问津，没人觉得它美，也没人爱它，给它温暖，但它却倒影自照，自尊、自爱、自主、自强，自得其乐，自在开放，绽放出自己的美丽和清香。

其六，清代袁枚《苔》：

白日不到处，青春恰自来。

苔花如米小，也学牡丹开。

一花、一草这样的"小物"也有它自己存在的逻辑和价值，其本身就是一个完满的价值和意义世界。我们要像苔花那样，自信自强，努力而勇敢地展现生命，活出自己的精彩和特色。

（2）抚慰挫折、失败心理。

其一，明代高启《叹墙下草》：

青青墙下草，经霜未枯槁。

虽是见春迟，还免逢秋早。

这首诗是说，墙下的草虽然到了深秋却还保持"青青"而未枯槁，这是因为它处在高墙之下，所受光照少，气温也低，于是，它较迟感受到春天的气息，导致"免逢秋早"。"见春迟"是不幸，秋来晚则是大幸。这启示人们，任何事物都具有两重性，好事和坏事是相对的。正如老子所说："祸兮福之所倚，福兮祸之所伏。"墙下草虽不能先占春光，但免除了早早枯槁的命运。因此，我们要以豁达的态度面对生活、学习、工作中的各种不利因素，发挥主观能动性，使之转化为积极的因素。

其二，清代翁格《暮春》：

莫怨春归早，花余几点红。

留将根蒂在，岁岁有东风。

面对一片愁红惨绿，古往今来的诗人往往概叹春光难留。翁格却表示，面对落红点点，不要黯然神伤，埋怨春光不再；花开花落，原只是一时的现象，春去秋来，却是宇宙间的永恒规律，眼前虽然只留下残红点点，但只要花儿的根蒂还在，春去还复来，还会有东风吹拂，萌发新芽，枝繁叶茂，春花重放之时。这首诗启示人们，人生亦有春夏秋冬，不要为眼前的挫折和逆境而垂头丧气，伤感叹息，要充满信心，静待时机，寄希望于未来。

（3）缓解思念之情。

其一，宋代王安石《和诗赠女》：

青灯一点映窗纱，好读楞严莫忆家。

能了诸缘如幻梦，世间唯有妙莲花。

这是王安石寄赠远嫁的女儿的和诗。女儿出嫁后非常想念父母，寄了一首诗给父亲，其中一句是"极目江南千里恨，依然和泪看黄花，"表达远离父母和家乡的离愁别恨，于是，王安石给她捎去了自己撰著的解读佛经《楞严经》的作品——《楞严新释》，同时还有这首和诗以宽慰女儿的思亲之情。王安石用经中"诸缘如幻梦"的思想宽慰女儿，父女之缘、夫妻之缘、君臣之缘等诸多缘分，其实都是如幻似梦，不必当真，更不要为此思念、难过。"世间唯有妙莲花"这一句蕴含深刻的佛理，"妙莲花"出自《楞严经》"自心取自心，非幻成幻法。不取无非幻，非幻尚不生，幻法云何立？是名妙莲华"一句。王安石以此教导女儿，世间的一切缘分和思念，都是从自己心中生出来的，自己又为自己心中的思念而难过，这就是自心取自心。如果通达了宇宙人生的真相，知道了何为"妙莲花"，就会明白人来到这个红尘世间到底是要干什么，就知道了人生的意义。所以，常读《楞严经》，彻悟人生真相之后，自然不会为思念之情而悲苦烦恼。这首诗不仅表达了王安石对女儿的劝慰和期望，同时也启迪世人，走出世间的烦恼，以得到精神上的解脱自在。

其二，宋代苏轼《水调歌头·明月几时有》：

明月几时有？把酒问青天。不知天上宫阙，今夕是何年。我欲乘风归去，又恐琼楼玉宇，高处不胜寒。起舞弄清影，何似在人间。　　转朱阁，低绮户，照无眠。不应有恨，何事长向别时圆？人有悲欢离合，月有阴晴圆缺，此事古难全。但愿人长久，千里共婵娟。

这首词是苏轼在密州（今山东诸城）任知州时，于中秋之夜酩酊大醉之后所写，既遣怀，又表达对弟弟苏辙的怀念。词的开头就进入辽阔无垠的天宇之中，表现出作者深邃的思考和神思飞越的超越精神。词人设想自己原是谪居世间的天上神仙，打算乘风归回月宫里去，但又担心无法消受广寒宫里的凄凉。"高处不胜寒"一语也流露出苏轼认识到身处政治高层的风险,相比于在朝廷上担惊受怕,他宁可在地方上做个清廉的官吏。所谓"起舞弄清影,何似在人间",接着写月亮的西沉,照着情思满怀、难以入眠的自己。于是引起一连串思想活动:"不应有恨,何事长向别时圆?"月亮应该跟我没有什么怨恨吧?为什么老是在人们离别的时候变圆呢?这样便转到怀念弟弟苏辙的主题上来。但苏轼善于自我宽慰,从月有阴晴圆缺这一客观事物的规律,联想到人有悲欢离合也是难以避免的憾事:"人有悲欢离合,月有阴晴圆缺,此事古难全。"因此发出美好的祝愿:"但愿人长久,千里共婵娟。"吐露出对兄弟的浓挚感情,将全词推向一个更为深邃,也更具有治疗功能的意境。此词将写景、抒情和说理紧密结合在一起,显示出苏轼娴熟的文字技巧和热爱人生、豁达超脱的积极精神。

(4)对治烦恼苦闷。

其一,唐代李浩《东西船行》:

东船得风帆席高,千里瞬息轻鸿毛。

西船见笑苦迟钝,汗流撑折百张篙。

明日风翻波浪异,西笑东船却如此。

东西相笑无已时,我但行藏任天理。

东行的船遇到顺风,帆席高挂,瞬息千里,轻如鸿毛;却笑那西去的船夫,汗流如雨,不知撑折了多少竹篙。哪知第二天风向陡转,东行的船上叫苦不迭,西行的船上反然相笑。东笑西,西笑东,不知何时了。这首诗从常见的生活现象中发掘出一种人生哲理,启示人们:人生有顺境也有逆境,处顺境时不可过于得意,在逆境中也不必悲观绝望。天地有盈虚消长,风翻浪转,人生有祸福成败,但也有否极泰来,只看眼前,往往会受到命运的嘲弄。因此,无论何时都不要得意忘形,幸灾乐祸,而应时时事事心存善意和悲悯同情,才不至于遭到反为人笑的难堪。应当学习孔子"用之则行，舍之则藏"的坦荡态度，体悟老子"祸福相倚""反者道之动"的睿智，顺其自然，或行或藏，完全顺应因任时势和天理，随遇而安。

其二，清代蒲松龄《拟古》：

落叶不归枝，逝川无回流。

飘风吹落日，年华难长留。

笙歌无遗响，白杨满榛丘。

人寿能几何，胡乃缠百忧。

达人安所遇，身外复何求。

这首拟古诗从日常生活中所见到的大量类似现象中，悟出了新陈代谢不可抗拒的客观规律，进而联想到人生规律，表达了"达人安所遇，身外复何求"的生活态度和旷达情怀。落叶在寒霜中飒飒而下，再也无法返归枝头；江水一刻不息地奔向大海，再也不能溯源倒流；夕阳在晚风中坠落；岁月如水流逝，任何人都无法挽留它；尽管笙歌悦耳动听，但当它响过之后便消逝无踪。天地间的一切事物都在不停地运行，人的生命同样也会经过生、老、病、死的运行而终将逝去。这是不以人的意志为转移的客观规律。诗人由此意识到：人的寿命能有多长呢？何必把各种各样的忧虑缠绕在心头？达观的人总是随遇而安，身外之物又何必苦苦追求！启示人们宠辱不惊，对一切都泰然处之，摆脱烦恼苦闷和忧愁，坦然面对生活。

（5）对治消沉。

其一，东汉曹操《步出夏门行·龟虽寿》：

神龟虽寿，犹有竟时；腾蛇乘雾，终为土灰。老骥伏枥，志在千里；烈士暮年，壮心不已。盈缩之期，不但在天；养怡之福，可得永年。幸甚至哉，歌以咏志。

诗中以长寿动物神龟为例，说明生老病死的规律。面对这一无法改变的客观规律，曹操毫不消沉，而是满怀信心，老当益壮，表达了要掌握自己的生命，颐养天年的思想感情。人们称道说，"这是一曲养生之道的千古绝唱，是曹操给后世养生长寿的渡人金针。"

其二，宋代岳飞《满江红·写怀》：

怒发冲冠，凭栏处、潇潇雨歇。抬望眼，仰天长啸，壮怀激烈。三十功名尘与土，八千里路云和月。莫等闲，白了少年头，空悲切。

靖康耻，犹未雪；臣子恨，何时灭？驾长车，踏破贺兰山缺。壮志饥餐胡虏肉，笑谈渴饮匈奴血。待从头，收拾旧山河，朝天阙。

岳飞的这首词可谓家喻户晓，极大地激励着中华民族的爱国热情，特别是在抗战期间感染了无数中华儿女。作者独上高楼，自倚栏杆，纵目乾坤，俯仰六合，不禁热血满怀，沸腾激昂。于是仰天长啸，抒发英雄壮志，又以"三十功名尘与土，八千里路云和月"表达自己的半生壮志、九曲刚肠，一片壮怀，喷薄倾吐。功名已委于尘土，三十已去，"莫等闲、白了少年头，空悲切"。雄壮之笔，字字掷地有声！读来壮怀激烈，顿生豪情！

其三，清代郑燮《竹石》：

咬定青山不放松，立根原在破岩中。

千磨万击还坚劲，任尔东西南北风。

在作者郑板桥的诗画中，竹往往是高尚品行和顽强意志的象征，风则往往是恶势力的代表。竹子坚定地扎根在坚硬贫瘠的岩石之中，面对四面八方袭来的强劲秋风时，它毫不动摇，勇敢挺立，千万遍地和恶气邪风斗争。这首诗赞颂了岩竹在恶劣环境面前，不畏强暴，挺然相斗的精神，也是郑燮本人性格的写照。挺立在人们面前的不再是几杆普通的竹子，而是一种顽强不息的生命力，一种坚韧不拔的意志力，启示人们在困境之中绝不消沉，而要坚韧无畏、从容自信。

（6）排遣悲伤。

面对死亡最能引起悲伤之情，该如何排遣？陶渊明的诗给了我们不少启示。他在《形影神·神释》诗的结尾处说："纵浪大化中，不喜亦不惧；应尽便须尽，无复独多虑。"意思是说，人生居天地之间如纵身大浪，沉浮无主，而自己应以"不喜亦不惧"处之，认为"到了该死的时候就任其死去好了，何必再三顾虑。"他还留下了自挽诗三首，据说是他临终前的绝笔，以下选择其中的第一、第三首供参考。

东晋陶渊明《拟挽歌辞三首其一》：

有生必有死，早终非命促。

昨暮同为人，今旦在鬼录。

魂气散何之，枯形寄空木。

娇儿索父啼，良友抚我哭。

得失不复知，是非安能觉！

千秋万岁后，谁知荣与辱？

但恨在世时，饮酒不得足。

这首诗开宗明义地说明人有生必有死，即使死得早也不算短命。这是贯穿三首挽歌辞的主旨，也是作者生死观的中心思想。从生到死，只要一停止呼吸，便已名登鬼录。作者认为人死气绝就再无知觉，没有所谓的灵魂，所以他说："魂气散何之，枯形寄空木。"只剩下一具尸体纳入空棺而已。以下"娇儿""良友"二句，乃是根据生前的生活经验，设想死后自己的孩子和好友仍有割不断的感情。"得失"四句乃是作者大彻大悟之言，只要人一断气，一切了无所知，身后荣辱当然也大可不必计较了。

东晋陶渊明《拟挽歌辞三首其三》：

荒草何茫茫，白杨亦萧萧。

严霜九月中，送我出远郊。

四面无人居，高坟正嶣峣。

马为仰天鸣，风为自萧条。

幽室一已闭，千年不复朝。

千年不复朝，贤达无奈何。

向来相送人，各自还其家。

亲戚或余悲，他人亦已歌。

死去何所道，托体同山阿。

这首诗通篇写送殡下葬的过程，尤其突出写了送葬者。作者想象，在荒草茫茫的严霜中，人们将他葬到四面无人的远郊，然后"幽室"封闭，人鬼殊途，再难相见。这种生离死别的结局，"贤达无奈何"，任何人对于生或死的自然规律总是无能为力的，表达出作者看破、看透了人生和世事的结论。有评论家认为，这一篇最精彩处"全在最后六句"，其大意如下：葬礼结束后，刚才来送殡的人各自回家。家人亲眷因为跟他有血缘关系，可能想到他时还有点儿难过；而那些同他关系不深的人则早已把他忘掉，该干什么就干什么去了。人死之后还有什么可说的呢？他把尸体托付给大自然，使它化为尘埃，同山陵中的泥土一样。有学者指出，这首诗的意义在于，诗人"不再是一个自叹生命短促的渺小的生灵，具有与'大化'合一的身份和超越生死的眼光，能从死者本身的角度来设想离开人世之后有哪些主客观方面的情状发生，并且把它们一一用形象化的语言写成了诗，其创新的程度可以说是前无古人"。这一看法是很有见地的。

陶渊明不仅在躯体的层面彻底放下、与天地自然融为一体，而且超越了庄子将自己的遗体置于天地之间的豁达，通过想象自己离世之后的客观情境来表达"死去何所道"的淡然，让人醍醐灌顶。

但还需要说明的是，人的情绪是十分复杂和微妙的，同样的生活事件在不同的主体身上可能产生不同的情绪反应，类似的情绪反应亦可能因各不相同的生活事件而引发，如要进行更进一步的心理分析和调治，需要求助于专业的心理医生，这里只是粗略地做些归类，提供一些参考性的意见。

＊　＊　＊

今天，我们不妨再细细回味和推衍孔子关于《诗》的"兴""观""群""怨"的四大功能。如此，人生可以独处，思接天地；可以眼观万物，通晓人情；可以群居，切磋交流，彼此鼓励，团结合作；还可以借诗疏解忧愁，排解郁闷，用诗化的眼光来看待生命和生活，"诗意地栖居"于大地。诗之功，大矣哉！

主要参考文献

[1]尼古拉斯·玛札. 诗歌疗法［M］. 沈亚丹，帅慧芳，译. 南京：东南大学出版社，2013.

[2]钱志富，徐俊华. 诗歌治疗法一瞥［J］. 时代文学，2006(3).

[3]叶金梅. 浅论诗歌疗法的原理和实践［J］. 大众文艺，2018(20).

[4]吕锡琛. 道家思想对于调治焦虑和抑郁心理的启示［J］. 上海师范大学学报(哲学社会科学版)，2007(1).

[5]蒋肖斌. 掬水月在手［N］. 中国青年报，2020-11-20.

[6]叶嘉莹，张候萍. 红蕖留梦［M］. 北京：生活·读书·新知三联书店，2019.

[7]王珂. 论诗疗诗及诗歌疗法的价值［J］. 长江学术，2019(1).

第三章

歌唱的康养功能①

　　歌唱是一门音乐与语言相结合的综合性艺术，好的歌词往往也是优美的诗。古人认为，心中的情感意志如果用语言表现出来就是诗，用语言表达不尽，便用叹息之声来延续它，叹息不能尽情，就放开喉咙来歌唱它："言之不足，故嗟叹之，嗟叹之不足，故咏歌之……"（《毛诗序》）。可以说，歌唱是人类利用上天赐予的随身携带的乐器奏响天籁之音。男女老少皆可展歌喉，它能超越种族、语言和时空，引起人类的共鸣和激发审美情感。它不仅是一项高雅的文娱活动，而且具有非常显著的康养功能。

第一节　啸歌调养有古法

　　我国古代养生文献典籍里就有以歌代医、以歌抒怀、调节情志的记载，歌唱可谓是一种极其特殊的心理疗法。在节庆时或某些特定场合举行的对歌活动，至今还是各地少数民族以歌声抒发情感的重要形式。李白曾留下《赠汪伦》一诗："李白乘舟将欲行，忽闻岸上踏歌声。桃花潭水深千尺，不及汪伦送我情。"这首诗描绘李白乘舟欲行时，汪伦一路踏

---

① 本章所说的"歌唱"，泛指声乐和戏曲唱腔等由人声演唱的艺术形式。

歌为之送行的情景，在人们面前展现出一幅依依惜别、极富仪式感的生动画面。踏歌是唐代广为流行的民间歌舞形式，边唱边走，且歌且舞，以抒发心中的欢乐和深情。这首清新质朴的小诗广为流传，是唐人以歌唱作为情感抒发手段的例子。

岳飞的《满江红·写怀》中"抬望眼，仰天长啸，壮怀激烈"的"长啸"正是古人的一种歌唱方式，我们似乎可以从中听到岳飞精忠报国、气壮山河的声声怒吼，也可以看到啸歌所具有的抒发情感、振奋精神的特殊功效。

长啸是古代的声乐艺术，也是一种非常独特的中国传统歌唱养生方式，是吐气纳息的一种形式。文人雅士常以擅啸为荣，更将之作为颐性养寿之道。因此，啸常与琴相伴，畅行于中古士林，为名士表达情绪、排解忧思。嵇康在《赠兄秀才入军诗》中写道："心之忧矣，永啸长吟。"《幽愤诗》中言："永啸长吟，颐性养寿"。晋代成公绥所作的《啸赋》更是淋漓尽致地论说了啸的美妙意境，特别是对于调节情绪的功效，文中说："舒蓄思之悱愤，奋久结之缠绵。心涤荡而无累，志离俗而飘然……信自然之极丽……乃知长啸之奇妙，盖亦音声之至极。"意思是说，长啸能够疏散忧思郁结，抒发郁积的缠绵愁情，涤荡心灵的污垢和世俗的牵累，让思绪超然物外，它是自然之声中极为美妙的，又是音乐至极之境界。可谓对其推崇备至，亦可反映出长啸对心理健康的裨益。

长啸与道教的养生之术有密切的关系。我国台湾学者李丰懋教授曾就长啸的养生功能进行深入的研究。他认为，啸本身作为道教传统的练气法门，传习不绝。啸法是在练气的基础上与声乐相结合的一种道法，既可以单独吐纳气息，作为纯气功的鼓荡音声之法，也可配合各种乐器成为与有词的歌略有异趣的发声法。

古代的啸者特别喜欢发啸于长风皓月之下和名山大川之中，因为借助新鲜的空气和美好的环境，可以实现体内气息与体外气息的充分交换，从而达到养生的效果。比如，晋代孙承《嘉遁赋》云："溯清风以长啸，咏九韶而忘味。"东晋李充《吊嵇中散》中写道："凌晨风而长啸，托归流而永吟。"这些诗文生动地反映出古人在清新的空气中悠然长啸的无穷兴味。有专家指出，长啸所要求的气息条件及人体的脏器条件和参与强度，是一般的歌唱所无法相比的，在长啸的过程中，体内会吸入大量新鲜空气，彻底呼出体内"废气"，十分有益于健康。另外，长啸还可以提高人们的肺活量，有利于改善心肺功能，这种强烈的肺部运动可以达到锻炼身体的效果。因此，有意养生者，不妨在天气晴好时独步于山林旷野，纵情高歌或呼喊，使自己的身心与大自然充分交流。

中国社会科学院文学研究所范子烨先生曾在《"自然之至音"：对古代长啸艺术的音乐学阐释》一文中对长啸艺术做出了深入的论述，他认为："啸的本质和最根本的文化意义就在于它是人类对自然的一种复归。"这一论断很中肯。的确，长啸无词无曲，长短高低随心所欲，可以任啸者自由发挥，声动山林，音和鸟兽，都是人类发自肺腑的天籁之声。

《晋书·阮籍传》中曾记载阮籍与善啸者孙登的奇特相遇：阮籍拜访隐居于苏门山的隐士孙登，希望向他讨教延年养生及栖神导气之术，但孙登一言不发，阮籍无奈，于是"长啸而退"，当他行至半山腰时，忽然从山上传来无比美妙的声音，"若鸾凤之音，响乎岩谷"，这就是孙登发出的啸音。访者以啸问候，主人以啸送别，这是何等超凡脱俗的相见与相知！魏晋名士率真自然、不拘礼俗的风貌跃然纸上。

令人遗憾的是，长啸这一深受古人推崇的雅举高行和养生之法似有失传的危险。笔者曾多方访问，希望找到能啸者，一闻其声动山林的魅力，探讨其发声的机理，可惜知之者甚少。据了解，目前只在道门内还有极少数人研习此道。著名道教学者、四川省社科院研究员李远国先生介绍，青城山至今尚有修练啸法的道士，有24种啸法。崂山匡常修道长精于啸法，李教授曾经请教过他；中国道教协会副会长、天台山浙江道教学院院长张高澄道长也告知，他们那里还有道长在传习啸法。笔者曾希望前往拜访请教，可惜"新冠疫情"之下无法成行，只好有待于来日了。

到底是如何个"啸"法？存在着诸多观点，东汉许慎的《说文解字》中认为啸是吹气之声；郑康成则认为是双唇向前努起，作圆形，气流从舌尖吹出，这就有点类应似于今天的吹口哨。但范子烨先生根据相关文献而指出，反舌是啸的重要发声方法，"舌尖处倒向喉内"，用舌头制造一个封闭的共鸣咽腔，在气流对声带的冲击下，使喉头不断震动，发出持续的啸声。国际呼麦协会内蒙古分会主席格日勒图则认为，啸的发声方法与蒙古民族的呼麦艺术相同，在纷纭复杂的歌唱艺术中，只有呼麦与长啸具有唯一的对等性关系，应将呼麦艺术视为人类原始音乐世界的活化石。其声音对脑部保健亦有很好的功效。学习呼麦，也许有助于人们领略失传的长啸之绝响，体验以啸养生的妙处。

中国古代的养生家还总结出将意念、声音、呼吸合而为一的"六字诀"养生方法，具有调理和疏通脏腑、健身调心的功效。在南朝著名道教学者陶弘景的《养性延命录》、唐代名医孙思邈编写的《养生歌》、明代太医院龚廷贤的《寿世保元》中，都谈及发出嘘、呵、呼、呬、吹、嘻六字能分别刺激相应的内脏，可调治五脏六腑的功能。

嘘（xū），与肝相应，口吐"嘘"字诀，具有泄出肝脏浊气、调理肝脏功能、疏通肝经的作用。

呵（hē），与心相应，口吐"呵"字诀，具有泄出心脏浊气、调理心脏功能、疏通心经的作用。

呼（hū），与脾相应，口吐"呼"字诀，具有泄出脾胃浊气、调理脾脏功能、疏通脾经的作用。

呬（sì），与肺相应，口吐"呬"字诀，具有泄出肺脏湿气、调理肺脏功能、疏通肺经的作用。

吹（chuī），与肾相应，口吐"吹"字诀，具有泄出肾脏浊气、调理肾

脏功能、疏通肾经的作用，

嘻(xī)，与三焦相应，口吐"嘻"字诀，具有疏通少阳经脉，疏通上、中、下三焦，畅通全身气机的作用。

这六个音的振动频率和人体内的五脏六腑相呼应，在发音、呼气时不同口型使唇、舌、齿、喉产生不同的形状和发声位置，从而造成胸腔、腹腔不同的内在压力，影响不同脏腑的气血运行，细微而又精妙地震动着人的五脏六腑，刺激肌体血液加快循环，达到养生的效果。现代医学对这六个发音与其相应脏腑的关系曾做过实验研究，发现了一些有意义的现象，能够在一定程度上说明对应脏腑的声音确实能够对脏腑产生影响。例如，发"呵"的声音时，受试心脏病患者的心电图呈现康复趋势，但这也有待更进一步的生命探索。

2002年，国家体育总局组织有关专家在不同版本的"六字诀"的基础上，整理创编出"健身气功·六字诀"，并将其作为健身项目在全国推广，它对冠心病、高低血压、肝病、肠胃疾病、气管炎、糖尿病、神经衰弱等慢性病都有较好的调治效果。

又如，湖北和京沪的一些社区民众习练的律动拍打健身功，就是湖北十堰市白马山杜松峰(兴德)道长在传统道医使用的强身益气功法"七星拍打功"的基础上，进一步融入了"哈"的发声，将周身经络穴位的拍打与声音的振动和身体的振动相结合，又配以呼吸吐纳和导引，以达到吐故纳新、补中益气、强健肢体的效果。它具有简单易学、安全有效、适合大规模普及的特点，不同人群可根据个人身体情况的差异，采用站、坐、卧的方式进行练习。

扫一扫，看视频

上述方法在古代以声疗病这一传统方式的基础上加入了相关的动作，是先贤养生传统在当代社会的创新性发展，也从另一个方面印证了

歌唱养生的生理基础。

在现代社会，呼麦或"六字诀"较少流行，长啸更是几乎成为绝响。唱歌、唱戏成为歌唱的主要形式，是现代养生的一个富有趣味但又颇为有效的方法。接下来讨论歌唱的调养作用。

第二节　放歌免疫调脏腑

歌唱运动主要由呼吸、发声、共鸣、吐字这几个部分的活动来影响人的呼吸系统、发声系统、神经系统等。歌唱的语言器官主要是唇、齿、舌、牙等，发力部位和力度的不同会产生出各不相同的子音和元音。歌唱过程中对字、腔、韵、辙的训练和调控，会对心、肝、脾、肺、肾、膈、耳、鼻、喉、咽、口、脑、膀胱、三焦、脏腑等起到不同的调养作用。一首歌唱下来，成百上千个字词和音节活跃、鸣响在身体内部，刺激着各个器官，加之演唱者情绪的兴奋、情感的运用，从而与体内细胞和器官的频率形成共鸣。声乐艺术家韩彦婷在《歌唱养生初探》一文中指出："歌唱共鸣是全身共鸣，声波经过共鸣腔体产生，声波共振传导至其他共鸣腔体产生谐振，通过骨传导的作用，形成一个整体共鸣，发出和谐美妙的声音。正是这样有规律、有节奏、同频率的共振系统形成人体内部器官的运动，这种深度的、内在的运动是其他体育运动都无法达到的；身体各个器官在共鸣腔体的共同鸣响、和谐振动中得到的按摩与调适，是药物和仪器都无法相比拟的。"

歌唱从多个方面对人体的健康发挥良性作用，首先是对呼吸系统的良性作用。

科学的发声、呼吸方法对加强心肺功能有积极作用。肺部呼气和吸气的活动是人体与外界环境进行气体和能量交换的过程，而歌唱呼吸其实就是"吐故纳新"的呼吸养生过程。

歌唱家每天都要练声，练声就是练气，而呼吸是歌唱的基础和动力，是发声的源泉。只有正确呼吸的人才能正确地歌唱；也只有气息均匀，声音才能连贯。每天晨练声、晚练唱都要正确地运用呼吸和横膈膜的力量。每次发声、运气，都要气沉丹田，腰部扩张，调匀呼吸，协调胸腔、口腔、头腔共鸣，全身舒展，保证气流通畅，以呼出身体的浊气，吸进新鲜空气。

在调整歌唱状态的过程中，人体各个部位的肌肉都得到了锻炼。歌唱的呼吸过程是胸腹联合的深呼吸运动，气息会扩张横膈膜的肌肉群，到达肺的下端并通过横膈膜下沉的力度，使小腹有紧张感，然后由小腹肌肉群的收缩运动有效地把气呼出。练好这种运动，除能唱好歌外，更能促使肺部吸入大量氧气和空气负离子，中医认为，气乃人之根本，气充沛则血行旺，气血通则百病除。在歌唱过程中，通过丹田穴的运作将浊气排出的深呼吸状态，能提高血液中的氧含量，让吸入之气进行深层次的过滤，调节人体内的酸碱度，加快新陈代谢。尤其清晨到空气新鲜的地方进行该呼吸运动时，将对吸入负氧离子及排出体内二氧化碳分子有很大的帮助。

特别是演唱京剧等传统戏剧和节奏紧密的快板和垛板时，要求在非常短促的时间内不动声色地换气和吐字，行话称之为"偷气"或"抢气"，是一种颇有技术难度的换气方法，必须具备十分熟练的肌肉运动能力和敏捷的呼吸方能达到要求，这本身也是对人体内精、气、神的培植，有益于人体健康。

歌唱不仅需要深呼吸，而且要求抬头挺胸，国外最新研究数据显示：挺胸可以使肺活量增加20%。因此，一般人的肺活量在3500毫升左右，而歌唱者的肺活量通常能达到4000毫升，这绝不是偶然的结果。肺活量增加后，身体各部位获得的氧气也增加了，可使丰富的血液顺利输送到脑部，保证大脑所需的乙酰胆碱、卵磷脂等营养物质的供应，以保持敏捷的思维、良好的记忆。

美国科学家做过一项调查研究，把 20 名 28~65 岁的歌唱家和非歌唱家进行比较，结果发现歌唱家的心跳非常有力，胸腔肌肉强健，肺部发达。这是因为唱歌时必须发声、运气、调匀呼吸，讲究共鸣，从而增强了呼吸系统的各项功能，还锻炼了膈肌和呼吸肌。随着年龄的增长，人的心肺功能衰减，歌唱则可减缓心肺功能的衰退，从而使人长寿。

歌唱也有助于增强大脑和神经系统的功能。有专家认为，学习歌唱就是铸造自己的发声乐器，在身体、技术和心理等方面塑造正确的歌唱状态，养成发音器官对歌唱意图的自动反应。特别是中国民歌和传统戏剧讲究咬字清楚而且要归韵，字正腔圆；唱节奏紧密的快板和垛板时，吐字需要喷口。要达到这些目的，中枢神经要指挥神经系统进行多方面的工作，既要指挥喉肌，还要指挥口腔和唇、舌与各个共鸣腔体的活动，并要使这些活动协调，同时要指挥相应的心理变化及艺术表现。这个过程中不是指挥某一动作先后进行(如走路、看书)，而是多个部位同时行动，就像弹钢琴时，大脑要指挥十个手指做出不同的动作。有些动作的要求是相反的，有的器官需要放松，而另一些器官需要紧张；有时肌肉要用力，有时又不能用力，而且有的肌肉用力时才能致使应放松的肌肉得到放松(因为放松的肌肉必须得到支撑)。所以，没有训练到一定程度是很难做到、做好的。总之，通过神经系统的全方位活动，脑神经能不断得到锻炼。

人的大脑分为左右脑，左脑控制右肢，右脑控制左肢。人们一般使用右肢，左脑较为发达，但这使得存储量更大的右脑无"用武之地"，所以开发右脑潜能，促进右脑神经系统发达、扩充脑容量，可使人的智商和大脑功能得到提高。根据脑科学的研究，人的左脑担任人的抽象思维、逻辑推理功能，右脑则承担形象思维、艺术活动方面的功能，而歌唱正是属于右脑活动的范围。在歌唱过程和歌声的刺激下，右脑会进入积极动作状态，人脑反射和信息处理的能力得到加强，大脑神经系统的活力呈现亢奋状态，脑细胞活力也会得到提高。即使并未唱出理想的水平，大脑和神经系统也会得到锻炼，对预防老年痴呆症、增强记忆力、开发右脑的功能均具有积极意义。

其次，歌唱还有助于提升整体形象。

练习歌唱时需要站立，挺胸收腹，这就使得骨骼肌产生短促缩张运动，气血下行，疏通经络，放松大脑，全身舒适。挺胸收腹还可以让腹部的肌肉群得到运动，减缓腰背酸痛和脊柱弯曲，使脂肪容易被吸收，对减肥美体也会起到一定的作用。同时，人的三分之二的肌肉在下半身，挺拔的站姿会让人充满活力，精气神十足，由内而外地提升人的整体形象。

特别是演唱传统戏剧时，生、旦、净、丑每一类行当的体形、体态、神情和动作幅度都有大致的规格，即人们常说的"架子"。比如武老生，他的"架子"就是老生架子和武生架子的结合体。拉"架子"时，腰要挺，肩肘要拉开，神态要比较英武，动作要放得开。现代京剧《智取威虎山》中杨子荣的《甘洒热血写春秋》一段，其唱和做都很集中地体现出角色英武豪迈的气概。另外，青衣的"架子"也很美，有一种稳健沉着、飒爽英姿的气派。传统戏剧《穆桂英挂帅》中《猛听得金鼓响》、现代京剧《江姐》中《红梅赞》等唱段的唱和做都很有气势，展现出了角色端庄大方、坚毅顽强的形象，让人听完神清气爽，精神为之一振。

我们虽然不必像专业演员那样，对形态、动作有较高的要求，但模仿一些规定的程序动作，不仅可使人腰板挺直，挺胸拉肩，意气风发，精神抖擞，活动筋骨，还能锻炼气息和发声，有利于身体健康。在演唱过程中，还要控制口鼻气息、眉目开合，耳朵也要时刻注意音乐的节拍，这些都能使五官得到有效的锻炼。

歌唱时使用腹式呼吸可锻炼腹肌，也可刺激大肠的蠕动，从而缓解便秘。歌唱时还需要抬起上颚和笑肌，放松下颌，频繁运动这些部位时，脸部肌肉群也会被动地跟随活动，这就使面部肌肉得到加强锻炼，减缓皮肤松弛，维持皮肤弹性，达到保持容貌、延缓衰老的效果。

科学的发声方法还可以增强免疫功能。美国加州大学的罗伯特·贝克教授对唱歌的作用进行了长期研究，他认为："压力会影响人体的免疫系统，而如果你对自己所做的事情感觉很好，免疫系统就会得到增强。"他的研究发现，唱诗班的成员每次排练后，体内一种免疫球蛋白含量可增加到150%；而在一次公开演出后，这种免疫球蛋白含量更是增加到了240%。贝克教授表示："虽然我们不能说唱歌能抵御感冒，但在适当的情况下，唱歌的确能够增强一个人的免疫功能。"很多科学研究也证明，歌唱在给人们带来精神愉悦的同时，还能刺激抗体的产生，从而增强身体的抗病能力，激发人们对于现代常见疾病及循环系统疾病和"职业倦怠"综合征等的自我治愈能力。[①]

歌唱的保健养生作用也可以找到不少实例：《歌唱与养生》的作者王春华说，曾有学生患哮喘多年，经过歌唱呼吸训练后，该病不治而愈。有位朋友30年前就患了胆结石，十几年前出现过胃溃疡大出血，几年前又查出有慢性阻塞性肺疾病，但这么多年他都没有手术。他说："这要归功于京剧。我爱吃肉，每次吃肉多一点，胆囊就疼痛难忍。起初我也没办法，后来疼急了就唱京剧，气沉丹田，揉一口气，然后上提，把气慢慢灌入胆囊，一会儿就好了。"这些故事听起来令人称奇，但都是患者自己摸索和总结出的经验，它究竟是心理作用还是另有机理，有待证实和研究。

不过，关于歌唱的养生功效，本人倒是颇有体会。少年时期的我身体瘦弱多病，是比较典型的"豆芽菜"和"温室的花朵"，在初中一年级下

---

① 参见樊霞：《唱歌是健康的良药》，《美与时代》，2009年第2期。

学期时还曾因病休学了两个月。但后来全国普及京剧样板戏，我迷上了学唱京剧，风靡一时的《红灯记》《沙家浜》《智取威虎山》《杜鹃山》等剧目中的唱腔成了我的最爱。母亲所在的单位当时正排演《沙家浜》，扮演阿庆嫂的职工找我学唱，她可能认为自己学得不理想，后来干脆就让我上台了。之后，在一位热心的邻居介绍下，湖南师范大学艺术系的声乐教师许德传、李诚夫妇又收我为徒，帮助我提高歌唱水平，并建议我学习西洋发声方法。两位德艺双馨的老师带领我进入了歌唱的殿堂，虽然我没能成为他们所期望的声乐专业人士，但几年下来，我不仅很少生病，身体居然也结实了不少，原来有些懦弱的性格也得到了改善，特别是在长达数年"待业"的人生低谷中，学练歌唱给予我精神支撑、心灵慰藉和躯体锻炼。人生路上有歌声相伴，让我受益终生。我感恩将我领入歌唱艺术殿堂的恩师，感恩歌唱艺术为我的生命注入了精神营养和活力。

第三节　奋情愉心葆青春

歌唱不仅是生理上的机能活动，更是十分重要的心理活动——歌唱者在拥有科学的歌唱技术的基础之上，要建立内心听觉，形成联想、想象，进而释放内心情感，表达精神情怀。歌唱时必须思想集中，排除杂念，将注意力全部用于对相关动作的掌控。

著名的传统文化弘扬者、香港孔教学院院长汤恩佳先生将听京剧比喻为"精神按摩"，这是十分生动而贴切的。但愚意以为，这种"精神按摩"其实不仅为听众所独享，同时也包括了歌唱者。在歌唱的过程中，歌唱者需要根据歌曲或唱腔的内容，将相应的学养、记忆、思绪、情感全都投入到歌唱的情境之中，将自己和听众带入歌声所描述的世界，遐想丰富多彩的音乐场景——抒情的、辽阔的、欢快的、诙谐的、热情的、豪迈的、灿烂的、辉煌的……畅游在如诗如画的音乐世界，从而缓解和慰藉心灵的忧郁或伤痛，平静地面对生活中遇到的困惑和挫折，恢复愉快、自信、阳光的健康心理，进而促使身心阴阳平衡、气血畅通、机体健康。

歌唱时还需要保持高昂的精神状态，并且想象自己进入歌词所描述的意境中，有如身临其境。例如，唱着"蓝蓝的天上白云飘，白云下面马儿跑"，就可想象进入辽阔的草原，站在蓝天白云之下引吭高歌，饱含深情地唱出对家乡草原的热爱。这种美好心境本身就可以预防疾病，所以经常体会这种审美情感最是有利于健康。

优美的歌声能刺激大脑释放多巴胺，使人精神振奋。歌曲的不同节奏、旋律、音调、音色会对人体产生一定的效应。如，战斗歌曲可以鼓舞士气，安眠曲可以助人安静入睡，旋律优美的歌曲能安定情绪，节奏鲜明的歌曲使人精神振奋，节奏缓慢优雅的歌曲具有降压、镇静及调节情绪的作用。特别是歌唱祖国、咏叹美景、歌唱友谊、缅怀英雄、惩恶扬善等内容的歌词能够直接激发人们产生相应的、健康的爱恨情仇，激发自豪感、正义感和审美情感；而歌剧或戏曲的唱词融入了故事情节，有不少感人肺腑、惩恶扬善的情节和唱段，千锤百炼，朗朗上口，配上优美的旋律和荡气回肠的演唱方式，将其中的意境和情感淋漓尽致地表达出来，具有非常强烈的感染力。当唱着"我站在高山之巅，望黄河滚滚，奔向东南，惊涛澎湃，掀起万丈狂澜……啊，黄河，你是中华民族的摇篮……我们祖国的英雄儿女，将要学习你的榜样""今日痛饮庆功酒，壮志未酬誓不休，来日方长显身手，甘洒热血写春秋""朝飞暮卷，云霞翠轩，雨丝风片，烟波画船"。这些脍炙人口的唱词，怎能不激起满腔豪情和审美情感！

可见，无论是唱歌还是唱戏，无论是独唱还是对唱、齐唱、合唱，也不管是小声吟唱还是引吭高歌，都能在不同程度上消解郁闷，振奋精神，提升正气。有戏友说，每当遇到烦心事后唱上两段，把心里的污浊之气排净，吃饭、睡觉都是香的。

在时下的音乐治疗中，歌疗是其中的一个重要门类，对治疗身心疾病有特殊的疗效。本书基于文化康养的歌唱养生虽然与歌疗有所区别，但可以借鉴其中的方法。歌疗的操作方法是通过聆听或演唱音乐艺术作品，把整个心灵、感情投入其间，仿佛在音乐描述的世界中漫游，暂时进入另一个精神世界的画面，通过歌声把内心的不良情绪释放出来，发泄心中的郁闷、抑郁、沮丧、愤怒，调整心里的焦躁不安，这样有助于身心放松，达到排毒的效果。悦耳动听的歌声通过听觉影响大脑皮质，会使内分泌系统分泌许多与免疫有关的化学物质和酶。可以说，一次投入的演唱相当于进行了一次心灵理疗。

歌疗的实践证明，歌唱比聆听更为有效。因为听者主要是被动接受，其受感染程度与当时的外部环境、心境、心绪等因素都有密切关系，稍有不慎便会适得其反；而歌唱者主动参与其中，所受的外部因素干扰成分会大为降低，在情绪的释放上能得到更为直接的效果。在使用歌疗方法时，对于伤心沮丧者可采取循序渐进的过渡性疗法，先唱能够引起其共鸣的悲伤的歌曲，让其情绪得到一定程度的宣泄，然后慢慢地转唱激励情绪的歌曲；而对于心浮气躁者则歌唱安静的歌曲，让感到失落的朋友唱开朗欢乐的歌曲。通过这种方法，基本上能达到改变情绪、振作精神的效果，使负面情绪得到一定程度的调治。特别是大声歌唱，对强迫症、抑郁症者更有疗效。这些歌疗的实践经验，为以歌唱进行康养提供了参考。

一般情况下，歌唱家或歌唱爱好者大多性格开朗、精气神十足。上海复旦大学一家附属医院做过一项研究，找了两组同龄老年人，一组像平常一样生活，一组是老年合唱团成员，对他们进行各种生化指标比对，结果是老年合唱团成员的身体状况大大优于没有参加合唱、不唱歌的老年人。

以歌唱为专业的表演艺术家更是如此。如，歌唱家赵梅伯、男高音歌唱家楼乾贵都活到了90多岁，男高音歌唱家李光曦90岁、男高音歌唱家吴雁泽78岁、男中音歌唱家杨洪基80岁都依然活跃在舞台上。女高音歌唱家喻宜萱99岁、女高音歌唱家郎毓秀94岁、女高音歌唱家蒋英93岁才去世，而女高音歌唱家郭淑珍93岁仍在教学第一线，女高音歌唱家郭兰英90岁还意气风发地出现在元宵晚会上，音乐教育家周小燕更是活到了99岁，她80岁时大腿骨折都能很快恢复，有人问她何能如此，她回答："我每天唱歌，不唱教学生时也要示范、练声，这就等于是练气功了。中国古代不就有练气功长寿的人吗?"著名花鼓戏演员钟宜淳现已93岁，不仅能够上台演唱，还写诗跳舞，活力十足。

在生活中，一些有歌唱爱好的人往往具有比较健康的体魄，在公园或休闲场所常可看到不少年过半百、须发斑白的歌友、票友欢聚一处，或独唱，或轮唱，或对唱，或齐唱，或合唱，互相学习，交流切磋，其乐融融。当音乐一响，"架子"摆起来，就感到他们年轻了许多，精气神都来了。

不过，在练习歌唱时，也请大家注意以下几点：

第一，要注意科学用嗓，发声时注意共鸣和使用气息，不要过分用嗓，特别是要尽量少用声嘶力竭式的喊叫唱歌。

第二，要遵循循序渐进的原则，不要一味追求演唱高难度的歌曲。不管扮什么角色，用什么唱腔，都要让自己在一个舒适的状态下演唱，使自己感到身心舒畅。否则，不但不能发挥锻炼养生的效果，反而会损坏声带，对自己的身体造成伤害。

第三，如果你是在室外演唱，要注意保暖，多喝开水。尤其是冬春之季，更是要避开雾霾；如果是夏天，要注意选取阴凉的地方，经常喝水，避免中暑。

以下笔者选择一些有助于调理、愉悦和提振情绪的歌曲和戏曲唱段，分类列出，以供大家参考。

（1）自信自强

《小草》，向彤、何兆华作词，王祖皆、张卓娅作曲

《感恩的心》，陈乐融作词，陈志远作曲

《独立》，廖莹如填词，黄淑惠作曲

《相信自己》，林铭扬作词、作曲

《我真的很不错》，陈玉真作词，伍思凯作曲

《蜗牛》，周杰伦作词、作曲

《我最响亮》，郭敬明作词，吴梦奇作曲

《隐形的翅膀》，陶令子作词、作曲

《挥着翅膀的女儿》，许常德填词，陈光荣作曲

《我要飞》，邬裕康作词，陈志远作曲

《飞得更高》，汪峰作词、作曲

《男儿当自强》，黄霑作词、作曲

《谁说女子不如男》，豫剧《花木兰》选段

（2）励志奋情

《壮志雄心》，何启弘作词，陈耀川作曲

《愚公移山》，韩永久作词，卞留念作曲

《我的未来不是梦》，陈家丽作词，翁孝良作曲

《精忠报国》，陈涛作词，张宏光作曲

《光芒》，夏墨彦作词、作曲

《勇往直前》，司马亮作词，陈志远作曲

《勇往直前》，唐静、马泽敏、李双星作词、作曲

《勇往直前》，张伦辉作词、作曲

《今日痛饮庆功酒》，京剧《智取威虎山》选段

《红梅赞》，歌剧《江姐》选段

(3) 抚慰、去郁

《水手》，郑智化填词、谱曲

《永不退缩》，小虫作词，织田哲郎作曲

《阳光总在风雨后》，陈佳明作词、作曲

《从头再来》，陈涛作词，王晓峰作曲

《朋友》，刘思铭作词，刘志宏作曲

《温暖》，许巍作词、作曲

《友谊地久天长》，苏格兰民歌

《掌声响进来》，陈桂芬作词，陈进兴作曲

(4) 抒发、缓解思念

《叫我如何不想她》，刘半农作词，赵元任作曲

《真的好想你》，杨湘粤填词，李汉颖作曲

《送别》，李叔同填词

《知音》，华而实作词，王酩作曲

《天边》，吉尔格楞填词 乌兰托嘎作曲

《再见吧，妈妈》，陈克正作词，张乃诚作曲

《天之大》，陈涛作词，王备作曲

《父亲》，王太利作词、编曲

《但愿人长久》，苏轼作词，梁弘志作曲

* * *

让我们放声歌唱，以歌声提振精神，强健体魄，调和脏腑，消除疲劳，赶走郁闷，永葆青春！

主要参考文献

[1]李利. 歌唱的养生功能[J]. 科学养生, 2017(11).

[2]韩彦婷. 歌唱养生初探[J]. 艺术教育, 2017(27).

[3]韦佳. 论歌唱训练的养生保健功能[J]. 音乐探索, 2010(2).

[4]李小君. 论歌唱对身心健康的影响[J]. 实用预防医学, 2006(6).

第（四）章

音乐和古琴的康养功能

本章所说的音乐，是指用乐器演奏，以各类乐器为发声源和共鸣体的艺术形式，与以人的身体为发声源和共鸣体的歌唱艺术紧密相连①。节奏、旋律、和声与丰富多彩的音色或多样的弹奏技术，可唤起人们愉快的感情，使人在思想上、精神上受到启发和鼓舞。音乐给我们的生活添上了一抹绚丽的色彩，没有音乐，人生是多么寂寞和无趣。

扫一扫，看视频

有人发现，人对声音的接受能力始于婴儿在母亲腹中的时候，人的五官中最先"开窍"的是耳朵，婴儿可以听到母亲的心跳声、呼吸声和讲话声，所以现在人们对婴儿进行"胎教"的方式就包括让孕妇听音乐。在临床上，节奏优美、舒缓的音乐可以调节人的情绪和呼吸，改善内脏功能。

音乐养生是一种集音乐、医学、心理学为一体的绿色环保、无毒性作用、无成瘾性的提升健康的手段，正在成为当下的国际潮流；与此相

---

① 音乐因表演方法和手段的不同而分为声乐和器乐两大门类，前者用人声演唱，以人的身体为发声源和共鸣体；后者用乐器演奏，以各类乐器为发声源和共鸣体。因此，二者的养生机理和功效有所不同。本章所说的音乐专指乐器演奏的器乐，而人声演唱的声乐和戏曲唱腔另列"歌唱的康养功能"一章进行论述。

关的音乐调病养生成为现代医学中受人关注的研究领域，音乐医学成为一门新兴的学科。目前，世界上有 45 个国家和地区已经开展了音乐治疗，有 27 个国家的多所大学开设了音乐治疗专业，我国 1989 年也成立了中国音乐治疗学会。音乐养生和疗疾在中国有着悠久的历史，具体叙述如下。

第一节　五音疗疾的奥秘

中国古代的音乐养生理论是以天人合一的阴阳五行学说为基础的，在人体、人性、音乐与宇宙自然的宏大系统之中阐明其内在的关联，音乐可以在自然属性层面调理人体机能，也可以在价值属性层面给人情、人性扶正祛邪。

先秦时期的"乐"指举行仪式时的乐舞，其内涵比当代的"音乐"更为广泛，不仅包含音乐，也包含关于道德、礼仪甚至政治的内容。我国早在两千多年前的《荀子·乐论》中就阐发了音乐与情绪的关系，认为《雅》《颂》之声可使人意志宽广，音乐可使人"耳目聪明，血气平和"，血脉流通，达到成就道德人格与移风易俗的目的；还指出不同的音声或乐舞会对人的情绪产生直接的影响，因此，"君子耳不听淫声"。《史记·乐书》指出，音乐能使人之血脉动荡，精神通流，内心平和，可直接影响人的情性，发挥振奋精神、防治身心疾病、教化道德等作用："乐行而伦清，耳目聪明，血气平和，移风易俗，天下皆宁。"

在黄老道家的代表作《吕氏春秋》的《适音》中，也曾提到音乐能使天地阴阳之气调和、天地万物所以能生等观点，强调音乐应当适中，"太巨、太小、太清、太浊"皆会对人的身心健康造成损害。

中华医学巨著《黄帝内经》在总结前人经验和理论的基础上，对音乐与人的身心健康之具体联系进行了系统的论述。该书的《素问·阴阳应象大论》中提出了著名的"五音疗疾"学说，即根据我国民族音乐的五声调式——宫、商、角、徵（zhǐ）、羽（按音高顺序排列为简谱的 1、2、3、5、6）的音乐特性，能够分别对相应的情绪和脏器产生调理作用。"五音"与"五脏""五志"相联系：肝属木，在音为角，在志为怒；心属火，在音为徵，在志为喜；脾属土，在音为宫，在志为思；肺属金，在音为商，在志为忧；肾属水，在音为羽，在志为恐。不同调式的音乐会对人的身心产生不同的作用。根据五行相生相克的原理，角、徵、宫、商、羽这五种音律也可以组合为角生徵、徵生宫、宫生商、商生羽和商克角、角克宫、宫克羽、羽克徵、徵克商这两种相生相克的关系系统。随着五行的流转，肝、心、脾、肺、肾会受到怒、喜、思、忧、恐这五种情绪的影响，五音根据各自特性及相生相克的原理，就能够分别调节怒、喜、思、忧、恐这五种情绪，护理肝、心、脾、肺、肾这五大器官，从而实现阴平阳秘、调血理气、平衡功能、调和五脏，对身心起到治理转化之疗效。相关专家认为，这是将声音与人的生理系统和心理系统协同整合的理论，在聆听养生音乐的过程中，让曲调、情志、脏气共鸣互动，达到动荡血脉、通畅精神和心脉的效果。

清代著名医学家吴尚先根据长期研究和实践经验，在他撰写的《理瀹骈文》中明确地提出，通过读书和音乐治疗情志方面的疾病比药物更为有效。文中说："七情之病者，看书解闷，听曲消愁，有甚于服药者矣。"

在古代文人中，嵇康和欧阳修都是对音乐治疗的理论和实践多有研究的典型。嵇康在著名的《琴赋》中，一开头就说明了自己从小到大都喜爱和赏玩音乐，并阐发音乐的养生功能；还指出声色滋味等外在的物质享受都有厌倦的时候，而音乐这种精神层面的享受能让人乐此不疲，"可以导养神气，宣和情志"。欧阳修在《书梅圣俞稿后》中专门论述了音乐的治疗作用，文中说："凡乐，达天地之和而与人之气相接，故其疾徐奋动可以感于心，欢欣恻怆可以察于声。"音乐具有感动人心的巨大感染力，能表达人的欢愉与悲伤等情绪。所以，欧阳修特别推崇通过和谐、适宜的音乐平心疗疾，达到心理上的平和。正如其在《国学试策三道》一文中所云："盖七情不能自节，待乐而节之；至性不能自和，待乐而和之。"他认为音乐能够通达于天、地、人，感动人心，进而还能振动人的血脉，疏导气血和精神。"八音、五声、六代之曲……然至乎动荡血脉，流通精神。"因此，他引导人们在音乐养生实践中要用心去领会音乐之意，不可被外物俗事所打扰，在欣赏、弹奏音乐时，心境平和，人琴交融，便有可能进入恬淡虚无的境界；只有乐意与心意相通，才能修心养诚与正，达到养生长寿的目的。欧阳修的音乐养生理论以及通过音乐调心健体的实践为中国音乐治疗学的发展提供了理论支撑和实践探索。

除欧阳修的记述外，古代诗文大家的琐忆杂记，以及民间流传的稗官野史，都记录了许多音乐疗疾治病的有趣故事。清代青城子的《志异续编》中有一则记载：一士人日夜沉睡不醒，偶尔醒来，亦是两目倦开、痴痴呆呆。名医叶天士诊断后，未开一味药，却令家人买来小鼓一面，在病人的床头敲击。士人闻鼓声后，神志逐渐清醒。叶天士解释说：脾脏困乏，致人疲倦，而鼓声最能醒脾，如此而已。这实在是音乐治疗的一个极为生动的例证。

中国古代的音乐养生理论建立在天人感应学说上，有时因被过度发挥而蒙上了神秘色彩，后又过多地从哲学、政治、伦理、生理等角度论述音乐，导致偏离了对音乐本体的研究，具有时代局限性。但是，其中不少内容已为现代科学研究所证实和应用。

现代科学研究证明，不同旋律的音乐通过听觉神经系统传到大脑，可使大脑皮质产生新的兴奋区，使原来的兴奋区得到休息。音乐养生疗疾，有物理和心理两方面的作用。一方面，音乐是一种有规律的声波振动，对人体首先是会对神经系统产生影响。这种影响是有益还是有害，取决于声波振荡的频率、强度及和谐的程度。另一方面，和谐动听的音乐对于人们来说是一种美的享受，能提高神经细胞的兴奋性，激起欢乐、健康的情绪，增强抗病能力。

第二节　琴韵悠悠养形神

在中国的"乐教"传统中，琴乐是其中的重要内容。古琴是修身养性的重要器物，被人们赋予"御邪僻，防心淫""通神明之德，合天地之和"的功能。古琴是古代文人音乐的代表性乐器（中国古代音乐大概可以分为四大板块，即民间音乐、宗教音乐、宫廷音乐和文人音乐。世界各地都存在民间音乐、宗教音乐和宫廷音乐三类音乐，而文人音乐唯中国独有）。2003 年，联合国教科文组织将古琴列入世界第二批"人类口头和非物质文化遗产代表作名录"，下文以古琴为例，阐发这一中国古代代表性乐器的康养功能。

传说，古琴为伏羲、神农、舜等上古圣人所制，主要用来教化民众。在宗教祭祀中，通常由圣人亲自弹奏古琴，以琴声感通天地神明，让老百姓能够和睦相处、安居乐业，使国家得以有效治理。人们赞美它乃"天地之灵气，太古之神物""贯众乐之长，统大雅之尊"。晋代嵇康作《琴赋》曰"众器之中，琴德最优"，认为在各种乐器中，古琴是最好的，具有最优异的品德，最适宜君子作为修养之具。修身养性是内圣之学，指通过多种方法来调和性情、陶冶情操、完善人格、笃定志向乃至转化身心、开启智能，而抚琴无疑是其中独特的一种。

在中国历史上，古琴作为舞台表演的乐器并非主流，因为古琴的桐木丝弦及完全用手指操缦的特点，琴声比较自然平实，呈现出疏、淡、平、静的特征，不像演奏其他乐器那样悦耳动人，一般人会感到其音色较为单调乏味，难以体味到其中的美妙之处。但操琴者静下心来把握操缦的奥妙，达到心手相应、弦指相忘的境界，就会真正体验到超然物外、恍若登仙的美妙境界。清代古琴艺术家祝凤喈先生曾在《与古斋琴谱·补义》中概括说，古琴的这一特色，正是使人心返璞归真的途径，"初觉索然，渐若平庸，久乃心得，趣味无穷。……缥缥渺渺，不啻登仙然也"。

因此，古琴更多地被文人、士大夫用以修身养性、宣情抒怀、结交知音。自古以来就有"君子无故不去琴瑟""君子之座，必左琴右书"的说法，讲求通过琴声表现出心灵与宇宙自然相通的意象与意境。这其中既包括对自然景物的再现与描绘，给人回归山水天地的自在逍遥；也包括对人生悲欢离合等种种经历的刻画与表现，启迪人们回味和反思人生与社会，最终实现对暂时性、表面性的现实生活的超越，获得一种大彻大悟、物我两忘的宁静心境。

在古代的文人雅士中，孔子在音乐和古琴方面的造诣是很高的。据《史记·孔子世家》《韩诗外传》等史籍所载，他曾向师襄子学琴，在弹奏《文王操》时，不仅能够深刻领会乐曲的意境，居然还能够感悟到文王的形象，甚至"持文王之声知文王之为人"；闻韶乐而"三月不知肉味"；被围于陈、蔡，绝粮多日，仍然"讲诵弦歌不衰"。《史记·孔子世家》中记载："三百五篇，孔子皆弦歌之。"意思是说，孔子对于《诗经》中的三百多篇诗歌皆能配上古琴乐曲进行歌唱。可见，孔子不仅能够弹琴，而且能够为这些诗歌编配琴曲，用行家的话来说就是具有打谱的能力，这绝非一般的弹奏者而能为之了。

古琴非常适合养生和养心，在古人修身养性的高雅活动中，古琴列于首位。下文从多个方面来分析古琴的康养功能。

1. 古琴的怡情养心功能

古琴的音色悠远清和，醇厚淡泊，听之令人心灵平和安静，全身舒畅放松；琴音也被称为"太古之音""天地之音"。按照弹奏方式的不同，古琴可发出泛音、散音、按音，琴家分别称泛音、散音、按音为天、地、人三籁，其音色各异：散音如同大地，音色浑厚、松透低沉，沉着而旷远，让人身心平和安稳，生发思古之幽情；泛音像天，音色清亮剔透，有一种清冷入仙之感，让人进入空灵缥缈的境界；按音如人，变化自如、如泣如诉，右手有抹、挑、勾、剔、左手有吟、猱、绰、注等多达上百种指法，至今虽已简化为 54 种，却依然变幻万千，可以充分抒发情感，表达高山流水、万壑松风、水光云影、虫鸣鸟语及人的喜怒哀乐之思或宗教、哲学之理。琴音的松沉旷远，能让人雪躁静心，感到和平泰然的气象，体验内心的祥和喜乐；琴乐的洁净精微，能让人感发心志、发泄幽情，化导不平之气，升华精神意境。确如嵇康在《琴赋》中所说的，古琴"含至德之和平。诚可以感荡心志，而发泄幽情"，有助于养成君子"中和"的品德、排除郁闷和悲愤，能"怡情养性"、治心、养神，"涵养中和之气"，达成"乐教"的目的。

对此，明代的潞王朱常淓在《古音正宗》的《跋》中说："先王虑人之穷于欲而作乐为节，以导其乐所自生。夫节本主禁，而谓琴者禁也，则节之义莫若琴得焉。"他强调"琴者禁也"，不能容忍"淫哇叒蔓之曲"，认为音乐的节制和约束作用在琴上得到了充分体现。正如他在《序》中自信地说："孤于琴理素心有获，岂徒宜弦徽、协宫商而已哉？"意思是说，我对古琴之理论和功能多有研究和感悟，它绝不仅仅局限于音乐的技巧，而是能够调养神气，培育高雅和谐的性情。"以导养神气，宣和情致。"这句话出自嵇康的《琴赋》，朱常淓引之，足以说明人们对古琴修身养性之功能的普遍认可。

古琴还融入了佛道思想，尤其是主张"大音希声"的老子、"至乐无乐"的庄子等人的思想，在古琴弹奏中都得到了很好的体现。琴音的低缓悠远、缥缈虚无，让人由抚琴、听琴而进入超越音响的"无声之乐"意境，体验到"希声""至静之极"的境界；在《庄子·外篇·天道》中，将这种虚静的、通乎天地万物的境界称之为"天乐"，是一种天人相和、无言而心悦、超乎音响感受之上的精神境界。在佛家则称之为"空"的体验，是一种"无我之境"，借助古琴可以"修身理性，反其天真""明心见性"。

可见，古琴虽为乐器，其精微之处却能通往儒释道思想文化的最高之理，而抚琴、听琴的知音之士只要善能领悟、虚心涵养，也可以通过古琴达到儒释道修养的某种境界，这并非虚语，乃是人们的真实感悟。当然，这种体验的深入程度因各人修养层次的不同造化而有不同。难怪嵇康在《琴赋》中总结说："能尽雅琴，唯至人兮！"

从曲调上看，古琴的曲调大多都比较高雅含蓄，古朴自由，听了很多遍可能还记不住，但这样的曲调可以让人高度放松，身心在不知不觉中得到调治。同时，古人对弹奏古琴设立了很多独特的要求，比如斋戒、沐浴、更衣、焚香、净手，要选择幽静的环境，要天气好、心态好，还要听众好。这些要求在今天都被忽略了，似乎只剩下一项更衣。古人为什么要设定这么多的要求？是为了让人们在弹琴之前端正心态，使身心先有一个转化和调理，"未成曲调先有情"，从而让身心与琴曲的精神内涵和文化底蕴相协调。

有专家强调说，操琴追求"人琴合一"的境界，这并非单纯指技法的熟练。如果操琴时仅仅注重技法的精湛、风格的多变和舞台效果的呈现，那只是属于舞台表演的范畴；而弹奏古琴，更多的是需要真诚朴素的表达与深入的反观内省。因此，操缦心法首先要求弹琴者戒除不良心态，如躁心、竞心和奢心，这些不良心态往往会导致人们贪多图快、投机取巧、攀比争斗、煽情媚俗、哗众取宠，长此以往则会自欺欺人。戒除了不良心态，接着便要培养尊重的心和真诚的心，这样逐步深入，乃至明心善用，就能让自己的精神生命进入自由而宽广的状态。

出于修身养性的需要，有琴家说，"琴韵的本质是一场静"。弹琴时，避闹而取静，正如王维《竹里馆》一诗中云："独坐幽篁里，弹琴复长啸。"琴音悠扬，更衬出环境的静谧，能起到很好的舒缓治疗内心的作用。弹琴时须心无杂念，不然心乱而琴乱，终不能成曲调。古时传说弹琴时若有无关的人在旁偷听，扰乱了心神，则容易断弦，琴也就弹不下去了。可见，琴为心声，心静才能韵圆。正如清代琴家祝凤喈在《与古斋琴谱·补义》中说，琴曲的高远意境绝非手指上的技法可以求得，"须由养心修身所致，而声自然默合以应之。汝宜揣本，毋逐末也"。这也深刻地阐明了弹琴与修身养性的相互联系。

明末琴家徐上瀛的《溪山琴况》被誉为古代琴学理论集大成者，强调追求"清""静""远""淡""逸"等意境，书中说，这种安静的意境是通过调气和练指的工夫，由内心自然产生出来的，"调气则神自静，练指则音自静"。只有素有修养的"涵养之士，淡泊宁静，心无尘翳，指有余闲"，才可领会和表现出这种高妙的境界。他描写听涵养之士抚琴的感受，如同"澄然秋潭，皎然寒月，湝然山涛，幽然谷应"，直让人身心俱爽，"体气欲仙"，十分生动地描画出了抚琴、听琴的身心修养功能和高雅意境。

古琴音乐独特的韵律，仿佛将人带到空谷流瀑的山林、广阔无垠的田野，使人畅通经络，平复情绪，于养生很有益处。人与琴的关系就如同知心朋友般，彼此有交流，而心与琴和一，心中的不平自然便淡去了。

除了上文提到的孔子、嵇康等人，古代先贤中的王维、欧阳修、苏轼、王夫之、谭嗣同等都是琴道的爱好者，他们都认识到了琴具有养生的功能。特别是苏轼的古琴技艺有家传的渊源，因此，明万历时琴家张大命在《阳春堂琴谱·琴窗杂记》中说："古人多以琴世其家，最著者……眉山三苏，斯皆清风颉颃，不坠家声于峄阳者也。"苏轼热衷于琴曲、琴歌的创作，曾作《鹤舞洞天》等琴曲，又有《古琴吟》《醉翁操·琅然》等填词作品流传至今。

魏晋名士嵇康更是一位与古琴结下奇缘的人，有传说，他擅长弹奏的《广陵散》乃是神仙所授。嵇康对于音乐养生深有体会，曾提出音乐养生观，追求生命的最高理想——和。他重视音乐对人的身体与神气的影响，透过抚琴操缦使人之身心与阴阳之气交感，以颐养和心，和心生和气，和气以导神，实现人琴合一，身心灵与天地的默契妙会，达到人与自然融合为一的生命理想。嵇康在《琴赋》中不仅指出了抚琴"导养神气，宣和情志"之功能，更指出琴能够帮助人们在身处困境时，坚持操守，排遣寂寞和忧思："处穷独而不闷者，莫近于音声也。"这并非纸上谈兵，而是他的亲身体验，通过古琴将自我生命与天地自然相和相通，由此而达到整个身心与天地自然的和谐共振，这种心通宇宙的心灵感受和情感体验自然能够超越世俗的苦难，获得跨过人生坎坷的精神力量。

不幸的是身处魏晋乱世，嵇康因得罪了权臣钟会而受到诬告，被司马昭下令处死。在临刑之前，他面不改色，索琴一张，弹奏《广陵散》一曲，而后从容赴死。他的孤傲与不屈，倔强与无奈，谱写了这一曲古琴与生命交融的遥远绝响。

唐代著名诗人白居易也是酷爱古琴的行家。据郭关先生统计，诗词名句网收入唐代提及琴的古诗多达 1162 篇，其中白居易提及琴的诗词就有 116 篇。白居易曾经作《好听琴》一诗，表达对古琴的喜爱。诗云："本性好丝桐，尘机闻即空。一声来耳里，万事离心中。清畅堪销疾，恬和好养蒙。尤宜听三乐，安慰白头翁。"他常在夜晚弹奏古琴，《清夜琴兴》一诗说："月出鸟栖尽，寂然坐空林，是时心境闲，可以弹素琴。"古琴也给予了他诸多心灵的慰藉，如《听弹〈古渌水〉》诗吟诵道："闻君古渌水，使我心和平。欲识慢流意，为听疏泛声。西窗竹阴下，竟日有余清。"表达了在听友人弹奏琴曲《古渌水》后获得的美好心理感受。白居易操琴的境界亦不同于常人，他在操弄《秋思》一曲时吟诗道："信意闲弹秋思时，调清声直韵疏迟。近来渐喜无人听，琴格高低心自知。"（《弹秋思》）他的《船夜援琴》一诗道："鸟栖鱼不动，月照夜江深。身外都无事，舟中只有琴。七弦为益友，两耳是知音。心静即声淡，其间无古今。"《对琴待月》一诗中说："竹院新晴夜，松窗未卧时。共琴为老伴，与月有秋期。玉轸临风久，金波出雾迟。幽音待清景，唯是我心知。"从这些意境高远的操缦听琴的诗歌中，我们可以看到在琴韵的浸润和滋养中一个愉悦而丰满美妙的生命，真是令人羡慕神往。

北宋著名文学家欧阳修也常通过弹琴来排遣心中郁闷。当时的社会矛盾和民族矛盾的激化，一些有识之士实行政治改革，但改革并不顺利，而是充满了斗争，欧阳修也被牵连到这场政治斗争中。仕途受挫让他感到非常苦闷，甚至患上了"幽忧之疾"而"不能治"，于是便向友人孙道滋学琴来排忧消愁。他曾说，"自少不喜郑卫，独爱琴声，尤爱《小流水》曲"。在平生患难时，"流水"一曲"足以自娱"，为其排忧解郁。《三琴记》曰："琴曲不必多学，要于自适。"明确提出了琴曲能让人自娱、自适。他一生命运坎坷，却能在听琴、弹琴、与友论琴中自娱自乐，养性怡情。他的《江上弹琴》一诗就生动地抒发了这样的情境："江水深无声，江云夜不明。抱琴舟上弹，栖鸟林中惊。游鱼为跳跃，山风助清泠。境寂听愈真，弦舒心已平。"

先贤对于古琴的喜爱超越了器物的层面，他们并不囿于琴本身的好坏，而在于内在境界。欧阳修曾多次提出：音乐之乐"在人不在器，若有以自适，无弦可也"，强调弹琴作乐贵在"意乐""自释"。他曾深刻地指出："官愈高，琴愈贵，而意愈不乐。""在夷陵时，青山绿水，日在目前，无复俗累，琴虽不佳，意则萧然自释。"也就是说，操琴的境界与人的社会地位和琴的贵重程度并无必然联系，只有超脱物欲，在清雅的环境和超凡脱俗的心境中，才能感受到真正美好的音乐，才能达到"自娱""自适"的境界。如若每天"声利扰扰盈前，无复清思"，即使位高琴贵，也会心境纷乱而"意愈不乐"。可见，听琴不仅在于音律与乐声，而重在"意"与"心"，这也是听琴的最高境界。陶渊明也曾云："但识琴中趣，何劳弦上声。"他推崇"无弦琴"并非不会弹琴,而是超越了具象,在"大音希声"的更高境界上来谈论琴中之妙趣。

2.古琴调养疾病之作用

弹奏古琴时要以指甲和指尖来触弦。手指是人体上肢的末端,按照中医的理论,手指尖是人体经脉交汇之所。手指弹拨琴弦,正好可以按摩和运动指尖,有助于促进这些部位的血液循环,调和血脉。

欧阳修曾在《琴枕说》中介绍自己通过弹琴而调治手指健康问题的经历。文中说,有一天他突然两手中指拘挛,医生告知,多多运动手指,"以导其气之滞者,谓唯弹琴为可"。即是建议他通过弹琴来活动手指,疏导气滞的问题。于是,他弹琴一个多月,便恢复了手指的灵活。欧阳修更是通过琴声来调养心理上的疾患。他在《送杨寘序》一文中讲述了自己学琴、爱琴的经历,琴声对自己性情的陶冶作用,还记录了自己通过"宫声数引"治疗"幽忧之疾"的亲身经历:"予尝有幽忧之疾,退而闲居,不能治也。既而学琴于友人孙道滋,受宫声数引,久而乐之,不知其疾之在体也。"此处的"幽忧之疾"指的是过度忧劳之疾,欧阳修通过与友人孙道滋学琴,弹了数首宫调曲子,竟然排遣了忧思,扫除了忧疾对身体的困扰。

这一事例并非无稽之谈。宫声是我国古代五声音阶宫、商、角、徵、羽中的第一个音,《黄帝内经》中曾记载:"宫为脾之音,大而和也,叹者也。"过思伤脾,可用宫音之亢奋使之愤怒,从而解忧思之郁结。欧阳修因为政事不顺,忧劳过度,肝气横逆犯脾土,而宫音悠扬谐和,助脾健运,利用宫音之温舒和谐,自然能抒发幽忧之情。可以说,欧阳修是一个古琴疗疾的生动范例。

欧阳修不仅自己以琴声调养疾病,而且建议朋友学习这一修身养性之法。他在《送杨寘序》一文中说,杨君好学有文,但在官场并不得志,依靠祖上的官勋才调到剑浦(今福建南平市)去做县尉。剑浦远在东南数千里外,杨君心中定有不平,加之他从小体弱多疾,而南方缺医少药,风俗饮食又与中原不同,欧阳修觉得不能让杨君长期郁郁寡欢下去。在这种情形之下,实在是需要"平其心,以养其疾",而弹琴正可以让人在调心养疾方面得到收获:"于琴亦将有得焉。"

弹古琴讲究调心、调身、调息,《溪山琴况》载:"未按弦时,必先肃其气,澄其心,缓其度,远其神。"《春草堂琴谱》也载:"弹琴要调气。气者,与声合并而出之者也。每见弹琴者,当其慢弹,则气郁而不舒;快弹,则气促而不适,鼻鸣而赤,皆气不调之故也。气调则神暇,局促之态自无矣。"可见,弹琴也要调心、调身、调息。对此,专家提出以下建议:

(1)弹琴前要调心、调身、调息。调心主要是让心静下来,全身放松,采用顺腹式呼吸比较适宜,或者用自然呼吸的方法,呼吸要深长匀细,这里要借用太极拳《十三势歌》中的要领:"腹内松净气腾然""气宜鼓荡,神宜内敛"。待到自觉心静下来,坐姿从容自在放松,呼吸匀净就可以了。

(2)开始弹琴后,左手吟猱,右手勾剔,都用上一定的力度,呼吸不必保持深长匀细,而是要和琴音自然地相应和,意息相随相依。呼吸的快慢轻重和琴音的节奏缓急、跌宕起伏相呼应,琴音一句一段结尾时,自然地调整一下呼吸。

(3)弹琴自始至终要时刻留意在腰际、腹内松净腾然的气息。保持心神专注,神态自若。心神、琴音、气息相应和、相融合,对促进身心健康很有益处。

我欣喜地看到,时至今日,古琴调理这一古老的方法还在发挥它的妙用。2020年新型冠状病毒肺炎疫情在武汉肆虐之时,武汉建起了多个方舱医院,其中的江夏大花心方舱医院是唯一由国家中医医疗队接管的医院。2月14日开舱之时，由中央指导组专家组成员、国家中医医疗救治专家组副组长、北京中医医院院长刘清泉担任该医院的院长。除了用中医汤剂对病人辨证施治，医护人员还教患者练习太极拳、八段锦，古琴音乐也是刘清泉院长为病人开出的特殊药方。江夏大花心方舱医院共接收患者564人，运行26天，交出了一份完美的答卷：患者返阳率为零；没有一例轻症转为重症；医务人员零感染。在这抗击疫情的过程中，古琴也发挥了它的特殊作用。

除了古琴之外，深受文人雅士喜爱的箫也具有养生功能。杜华在《吹箫可养生》一文中指出，吹箫要求立身中正，含胸拔背，沉肩坠肘，虚胸实腹，全身肌肉放松等，这有利于活血行气。吹箫一般采用腹式呼吸，可以改善心脏功能，扩大肺活量，增强肺脏功能；吹箫时要求每个手指既能独立活动，又能相互配合，使手指动作灵活、迅速、持久，手指要有弹性并保持一定力度，而颤音、倚音、叠音、打音、滑音等指法技巧都有助于按摩手指和一些穴位，活动经络，锻炼相应的肌群，有助于调治一些疾病；箫声含蓄幽远，发音柔和，使肌肉和神经得到极大的放松和调节，心情安定愉快，从而有利于阅读、写作、观察和解决问题，达到调养心神的保健作用，适宜调节忧郁、恐惧、烦躁等不良情绪。专家的这些观点值得我们参考。

古琴和箫是中国古代社会中音乐的代表，但在现代社会中，我们还有更多音乐调养方法。因此，我们还要超越这一具体的事物，进一步介绍音乐在现代社会中的修身养性功能。

第三节　音乐调治开新域

现代音乐治疗是一种非常有用的辅助疗法，它通过音乐作用于人体而引起不同的身心共鸣和情绪状态，带来生理和心理上不同的反映和变化，直接或间接作用于人的健康。

现代医学通过实证研究，确认了音乐与生命之间的联系。在第二次世界大战时，美国的一所野战医院里有一个医生用留声机播放《念故乡》《苏珊娜》等士兵们熟悉的家乡歌曲，不仅很快令伤兵们的情绪稳定下来，令人意外的是，伤兵们手术后的感染率大大下降，死亡率也随之下降，甚至手术后的愈合期也明显缩短。这一发现受到美国国防部的重视，在各个野战医院推广了这个办法，获得了很好的治疗效果。战争结束后，很多医院开始雇用音乐家参与治疗工作，美国的医生们也开始认真地研究音乐对人的健康究竟起着什么作用。有专家观察到并证实，音乐对人的情绪、新陈代谢、能量、血压、呼吸及脉搏都能产生积极的影响。人体细胞总在不停地微微振动，健康的人全身的细胞微振都很和谐，就像许多歌者在一起欢快地大合唱。音乐则是一种声波振动，这种振动如果和细胞产生共振，那就像声波在轻轻地按摩着细胞，人自然而然地会产生一种微妙的快感。同理，如果人体功能失调，体内微振不正常，不妨有目的地去选择音乐，借音乐声波的力量调动细胞的微振，使人在这种辅助治疗下恢复健康。

好的音乐听完后，人的身心有会一种安静舒坦、开阔安谧的感觉。优美的音乐通过听觉传入大脑皮质兴奋点，使处于紧张或休息状态的各部分趋于平衡。同时，优美的音乐传入人耳，能刺激神经系统，促使体内分泌一些有益于身心健康的生化物质，而这些物质能产生愉悦身心、消除疲劳等效果。

20 世纪 80 年代中期，随着西方现代音乐治疗方法进入中国，我国学者及医务工作者根据《黄帝内经》"五脏相音"和"五音疗疾"学说，逐渐发展起立足于中国传统中医学理论的音乐治疗体系——五音疗法，以中国五声调式乐曲为主要的治疗音乐。辽宁中医药大学王品山、孙平生教授发现，对人体经络产生最佳共振音的低频范围是 8.5~97.3 Hz。在此基础上，许继宗、乔宪春等研究者通过五音与五脏的对应关系，结合现代研究，论证了古代音乐的标准音。他们认为，既然能够引起经络共振，那么必然会引起循经气血的变化，即发生循经微循环的改变。他们通过实验验证和统计学分析，确定胃经的最佳共振音为宫音，同时考虑到音乐的听觉效果，认为选取宫音为#A1（27 Hz）比较合理，如果比这个数值低则耳朵听不见，如果高了则共振效果差。[①] 经络声学的这些研究为系统的音乐治疗理论提供了数据，奠定了科学基础。

还有研究者运用"五脏相音"理论对来访者的生理问题或心理问题进行治疗，用于病后认知功能康复、情绪障碍、焦虑症等临床治疗，取得了一定的疗效，开创了具有中国特色的音乐治疗。音乐治疗属于专业范畴，需要音乐治疗师为患者制订有针对性的治疗方案，但音乐治疗也为开展音乐养生提供了坚实的基础和丰富的资料，普通人完全可以借助一些音乐治疗研究成果，将一般性的音乐调治科学原则和方法运用到日常生活之中，以此提升人们的健康质量。

下文参考卓大宏教授等专家的观点及音乐调养的一些成功经验，从养生的角度探讨音乐怡情养性、舒缓心情的功能。

1. 音乐的心理调养功能

从音乐医学理论而言，音乐应该是高级乐音，不特指某种具象，因此，主张听纯音乐，而不是歌曲。欣赏音乐艺术能使人产生美感，调节人的喜、怒、哀、乐、悲、恐、惊，进而改变人的情绪，给人带来心理上的愉悦。

现代社会生活压力大，难免产生急躁、抑郁等心理问题，音乐可以

---

① 参见许继宗、乔宪春、石玉君、李月明：《从脏腑经络共振角度确定中国古代音乐标准音》，《黄钟》（中国·武汉音乐学院学报）2010 年第 4 期。

调整心情。比如，在汶川地震时，很多心理工作者运用音乐来平抑灾区人民的惊恐、悲伤、焦虑等情绪，获得了良好的效果；又如，在临床疾病辅助治疗中，音乐也可起到辅助作用，通过心理调整而改善情绪，减轻抑郁、焦虑的症状，提高情绪的稳定性，从而避免了各种应激状态对人体的损伤，减少或消除了长期依靠药物带来的不良反应。

音乐对失眠也有很好的调理作用。中医认为，各种原因引起的心脾不足、气血虚弱等导致的心神失养以及肾阴亏虚、心肝火旺、心神不宁所致的失眠，其发病机制为阴虚阳盛、阴阳失交，而节奏平缓的古典音乐、自然的清净声音可形成一种平静、清新、安全的感觉，调节中枢神经系统的紧张度，迅速消除工作中的疲劳，起到催眠的作用。

音乐还有助于优化个人性格，改变孤独、冷漠、过度内敛、浮躁等不良性格和心态；可优化环境，如餐桌音乐可优化用餐环境，环保音乐或绿色音乐可优化自然环境(用鸟鸣、风声、溪流、海涛等声音，衬托出自然环境)。

音乐调养对患有孤独症和痴呆症的空巢老人、有心身障碍的自闭症者、心情抑郁者等有着药物无法比拟的特殊效果；孕妇欣赏轻快柔和的乐曲，有助于母子安康，不仅可以使胎儿的大脑发育良好，减少孕妇怀孕期间的诸多不适感，还有助于顺利分娩，减少疼痛；儿童多听优雅的乐曲，可以促进大脑的发育，提高想象力；青年人多听曲调柔和舒展的乐曲，可缓和紧张情绪，消除工作的疲劳；老年人欣赏古今雅曲，有助于推迟大脑老化，变迟钝为灵活。

2. 音乐的生理调养功能

人在欣赏美妙音乐之时，精神高度专注，身心极大放松，这样有利于人体呼吸功能的调节，增大肺活量，进而使气血畅通，延缓大脑和身体其他部位的衰老，使脉搏、呼吸、血压、消化液的分泌、新陈代谢等处于新的相互协调的状态，能对人体起到很好的修复作用，对心血管、呼吸系统、消化系统的疾病也有很好的预防作用。同时，音乐的旋律、节奏、音调对人体都是一种良性刺激，在欣赏和创造音乐美的过程中，对大脑脑干的网状结构有直接影响，能改善大脑及整个神经系统的功能，协调各个器官的正常活动，这对神经系统疾病也有较好的预防作用。①

音乐对亚健康的调节更是有积极的效果。有报道称，音乐配合体育运动治疗亚健康的机制主要包括以下内容：通过体液调节，促进血液循环，加快新陈代谢；右侧大脑半球逐渐活跃，使人情绪高涨，缓解紧张状态，产生大量天然抗抑郁剂，如内啡肽等，改变心情，促进脂肪分解，降低血脂，从而改善心血管功能，提高机体免疫力。有些人经常感觉疲劳，到医院又检查不出问题，但如果不重视，有可能会发展成疾病，音乐调养的方式则能有效地改善此类亚健康人群的健康状态。

研究发现，主动式的音乐调养效果更好，有条件的话可以参加音乐训练活动，学习一些简单的乐器，如葫芦丝、口琴等；还可以和若干志同道合的朋友组建一支小乐队，通过演奏乐器来舒缓精神，练习简单的曲目就行，不必求难，不一定很专业，时常练习、合奏几首乐曲，能使人忘掉不快和减缓病痛，丰富精神生活。

第四节　依情选曲五脏宁

音乐养生是养生学与音乐相结合的产物，它不同于一般的音乐欣赏，被调养者的音乐修养与疗效有直接关系，最好在相关专业人员的指导下，按照自身的经历、音乐修养、审美能力、身体状况等选择适宜的乐曲，还要注意选择科学的欣赏方式，以取得音乐养生的效果。

---

① 参见程煜婷：《谈音乐与养生》，《民族音乐》2017 年 03 期。

　　首先，应当研究不同的音乐对人体所产生的作用。研究者发现，在节奏疯狂、音调怪诞、高分贝音乐下工作的摇滚乐与爵士乐的乐队中，不少队员的精神出现紧张不安、急躁易怒、心律不齐、血压不稳、听力减退等症状；受这种高分贝音乐的影响，一些大学生出现了类似老年人才可能出现的听力灵敏度丧失的情形。相反，以演奏古典乐曲为主的乐队，其成员的心情大多平稳、愉快、健康，较少患病。可见，从医疗和保健的角度来看，音乐养生需要有所选择，古典音乐更有益于养生保健。

　　其次，应根据个人的经历、性别、性格、年龄、气质、不同需求、音乐爱好和各种音乐的特点，精心选择音乐曲目。节奏明快、热情奔放、旋律流畅的曲调，有兴奋、舒心的作用，可在情绪不佳时播放，也可在兴奋不安时用来疏导自己的心情；悠扬婉转、节奏徐缓、如泣如诉的曲调，具有镇静安神作用，可在疲劳时或病中播放。又如，胎教音乐对胎儿的影响有两方面：一方面，优美的旋律直接作用于胎儿，可使之气血协调，若作用于胎儿肾气，可使之固藏；另一方面，对母体气血、肾中精气的调和作用，有益于胎儿的发育。少儿音乐主要是通过和谐的旋律，使少儿气血调和、肾气密固，有益于开发智力，健康发育。老年人对音乐中的情感有较深的体会，音乐不仅能直接作用于老年人的气血，而且可以通过情感的调理，使情感升华，促使身心两方面保持平衡，从而达到养生的目的。

　　以下综合相关研究介绍一些音乐养生调理的操作方法。

　　第一，借鉴音乐治疗的相关原则。音乐治疗有一个原则，叫同步性原则。音乐要与自己当时的心情一致，通过音乐将内心的情绪倾诉出来，这个原则也适用于音乐调养。音乐有一种使心灵被按摩的作用，在放松的状态下跟着音乐的旋律，进入音乐的情境，不知不觉之间，不良情绪就被宣泄出去了。还可运用"以情胜情"的原则来调节情绪，即利用具有某种情绪倾向的音乐去克服或纠正另一种偏胜的情绪。比如，情绪低落时，可以选择欢乐、活泼、昂扬的音乐；悲伤时，可以选择较舒缓、轻松的音乐，以此达到情绪的改善与和谐。

第二，布置优雅宜人的环境。室内严防噪声干扰，可用鲜花等进行装饰。每次可听一组曲调、节奏、旋律等较和谐的乐曲，时间不宜太长，一般 30 分钟左右，否则容易引起审美疲劳，音量不宜太高，在 70 分贝以下即可。在早晚起床或就寝时，可以用养生音乐作为背景音乐，也可在闭目养神时静心体味音乐，还可以根据自己的身体状况，在运动、就餐等时间播放这类音乐以调节脏腑功能。在欣赏音乐时，最好距离音响设备 2 米左右，并且置身于音响的正前方，这样可以比较好地接收音乐声波且左右均衡，对听觉最有利。

第三，五行音乐的调式与曲目划分。根据中医的五脏、五行、五音的对应关系及其与中国民族音乐的联系，许继宗、李月明、左志坚、周国强等专家列出了五行音乐的调式、调节功能、代表曲目和代表乐器，以下摘引相关内容供大家参考。

(1)宫调式：乐曲风格典雅、柔和、流畅、悠扬沉静、敦厚庄重，犹如大地含万物、辽阔宽厚。五行属土，应脾。能促进全身气机的稳定，可调和脾胃，平和气血。

代表曲目：《良宵》《花好月圆》《光明行》《红旗颂》《月儿高》《春江花月夜》《十面埋伏》《平湖秋月》《塞上曲》等。

最佳曲目：《十面埋伏》；代表乐器：埙、笙、竽、葫芦丝等。

(2)商调式：乐曲风格高亢、悲壮、铿锵、雄伟。五行属金，利肺，五志属悲。能促进全身气机内收，调节肺气的宣发与肃降，调神，宁心静脑，保肾护肝。

代表曲目：《将军令》《黄河》《潇湘水云》《金蛇狂舞》《第五命运交响曲》《十五的月亮》《阳春白雪》《第三命运交响曲》《嘎达梅林》《悲怆奏鸣曲》等。

最佳曲目：《阳春白雪》；代表乐器：编钟、磬、锣鼓、铃钹、长号、三角铁等。

(3)角调式：音乐风格舒展、悠扬、深远，使人飘逸欲仙、高而不亢、低而不雍、绵绵不断，好似枯木逢春、春意盎然。五行属木，应肝，五志属怒。能促进全身气机展放，调节肝胆疏泄，助心、疏脾、和胃、提神、提振情绪。

代表曲目：《姑苏行》《鹧鸪飞》《春风得意》《胡笳十八拍》《春之声圆舞曲》《蓝色多瑙河》《江南丝竹乐》《江南好》和理查德·克莱德曼的钢琴曲等。

最佳曲目：《胡笳十八拍》；代表乐器：古箫、竹笛、木鱼等。

(4)徵调式：音乐风格热烈、欢快、活泼、轻松，如火焰跳动、热力四散。五行属火，应心，五志属喜。能促进全身气机提升，调节心脏功能，有助脾胃、利肺气、振作精神的作用。

代表曲目：《喜洋洋》《步步高》《紫竹调》《喜相逢》《金蛇狂舞》《解放军进行曲》《卡门序曲》。

最佳曲目：《紫竹调》；代表乐器：胡琴、小提琴等丝弦乐器。

(5)羽调式：音乐风格清纯、凄切哀怨、苍凉、柔润，如水般清凉。五行属水，应肾，五志属恐。能促进全身气机下降，调节肾与膀胱的功能，助肝阴制心火，安神助眠。

代表曲目：《船歌》《梁祝》《二泉映月》《梅花三弄》《汉宫秋月》《平沙落雁》《轻骑兵进行曲》。

最佳曲目：《梅花三弄》；代表乐器：鼓类乐器。

第四，运用各调式乐曲滋养五脏。音乐养生专家根据五行相生的顺序，分别列出与五脏相对应的音乐调式，供人们在进行音乐养生调理时参考。

(1)养肝：肝喜欢爽朗、豁达，如果长期生闷气，容易产生肝郁气滞；其不适的症状：抑郁、易怒、乳房胀痛、口苦、痛经、舌边溃疡等。

推荐曲目：《胡笳十八拍》。肝顺需要木气通达，这首曲子中属于金的商音之素稍重，刚好可以克制体内过多的木气，同时曲中婉转地搭配了较为合适的属于水的羽音，水则可以很好地滋养木气，使之柔软、顺畅。最佳听曲时间：19—23点。这是一天中阴气最重的时间，可以克制肝气，利用旺盛的阴气滋养肝。

（2）养心：心是人体中最劳累的器官，一刻不停地搏动，向全身运送血液；其不适的症状：失眠、心慌、憋气、胸痛、烦躁等。

推荐曲目：《紫竹调》。心之气需要平和，这首曲子中属于火的徵音和属于水的羽音的配合很独特。补水可以使心火不至于过旺，补火又可使水气不至于过凉，利于心脏的功能运转。最佳听曲时间：21—23点。这个时间段是平心静气最好的时候。

（3）养脾：脾是人体造血器官，也是分泌消化液的器官，是全身所有能量的来源；其不适的症状：腹胀、腹泻、肥胖等。

推荐曲目：《十面埋伏》。脾之气需要温和，这首曲子运用了比较急促的徵音和宫音，能够很好地刺激脾胃，使之更好地消化和吸收食物。最佳听曲时间：进餐时或餐后1小时内。

（4）养肺：肺是人的呼吸器官；其不适的症状：咳嗽、鼻塞、气喘、感冒等。

推荐曲目：《阳春白雪》。肺之气需要滋润。这首曲子曲调高昂，包括属于土的宫音和属于火的徵音，一个助长肺气，一个平衡肺气，再加上属于肺的商音，可以通过音乐把肺从里到外彻底地梳理一遍。最佳听曲时间：15—19点。

（5）养肾：肾是排泄器官；其不适的症状：面色暗、尿频、腰酸、性欲低等。

推荐曲目：《梅花三弄》。肾之气需要蕴藏，这首曲子以舒缓合宜的五音搭配，不经意间运用了五行互生的原理，反复、逐一地将产生的能量源源不断输送到肾中，一曲听罢，神清气爽，倍感轻松。最佳听曲时间：7—11 点。

*　*　*

中国近代有一位音乐美学家说："音乐是人类灵魂的避难所。"的确，美好的音乐是最好的减压方式，是陶冶性情的熔炉，是生活中的一股清泉，让我们的灵魂在美妙的音乐世界中展翅翱翔，飞向更美好的高处。

主要参考文献

[1] 胡结续. 音乐与保健医疗[M]. 北京：中国文联出版社，2004.

[2] 许继宗，乔宪春，石玉君，等. 从脏腑经络共振角度确定中国古代音乐标准音[J]. 黄钟（武汉音乐学院学报），2010(4).

[3] 许继宗，李月明. 音乐治疗曲目序列组成原则尝试及实验观察[J]. 黄钟（武汉音乐学院学报），2012(1).

[4] 马淑慧. 音乐教育心理学[M]. 上海：上海音乐学院出版社，2011.

[5] 杜青青. 我国传统音乐治疗的研究进展[J]. 人民音乐，2013(11).

[6] 尹巧，张伟丛，杨巘. 欧阳修音乐养生观探析[J]. 安徽中医药大学学报，2014(1).

[7] 丁文敬. 阴阳五行说与中国古代的音乐养生智慧[J]. 美育美学研究，2017(752).

[8] 吴珀元. 医疗民族音乐学概要[J]. 音乐研究，2010(6).

[9] 程煜婷. 谈音乐与养生[J]. 民族音乐，2017(3).

[10] 刘金凤，刘幸. 音乐与健康养生[J]. 哈尔滨医药，2015(4).

[11] 钱新艳. 古琴艺术与中医养生[J]. 艺术百家，2008(7).

第五章

弈棋的康养功能

作为琴棋书画四艺之一的围棋被人们引为风雅之事，也是中式雅生活的内容之一。围棋起源于中国，据先秦典籍《世本》记载，围棋为尧帝所作，至今已有4000多年的历史。隋唐时期，围棋经朝鲜传入日本，后又流传到欧美各国。围棋蕴含着中华文化的丰富内涵，是中华文化与文明的体现。古往今来，它一直是男女老少皆宜的游艺娱乐项目。街头巷尾、厅堂书房，到处都可看到有人对弈观局，乐在其中，流连忘返。这一情景，不禁让人联想到烂柯山的神话故事。

梁朝时期任昉的《述异记》中记载，晋朝有一个叫王质的樵夫，到石室山去砍柴，突然见到有两个人在下棋，他被棋局所吸引，于是将柴放下，津津有味地看两人下棋。一盘又一盘，王质连眼睛都没有眨一下，眼看太阳就要落山了，突然其中一位下棋的人说道："为何还不回去？"这时候王质才猛然地回过神，他低头捡自己的斧头时发现它已经腐烂了。王质大为吃惊，赶紧跑下了山，发现一切都变了，原来已经过了百年。这个神话故事表现出了下棋的魅力和神仙世界的美好与逍遥，又让人感叹时光易逝，世事难料，由此衍生出了众多文学作品或书画作品，形成了一种独特的"烂柯之境"。如，唐代诗人孟郊的《烂柯山》一诗云："仙界一日内，人间千载穷。双棋未遍局，万物皆为空。樵客返归路，斧柯烂从风。唯余石桥在，犹自凌丹虹。"感叹异度空间的神奇转换和岁月的易逝，神仙世界的一日相当于人间的千年，对弈双方的棋局还未结束，而万物却已化为空虚。樵夫王质返归之时，砍柴的斧柄早已腐烂无存，只留下归家的石拱桥，犹如长虹凌空。其中的无穷深意，令人深思和感慨。

弈棋不仅是一项老少皆宜的娱乐活动，更具有修性益智的康养功能。

第一节　益智健脑强记忆

棋道源于中国古人对天人之际的参究，体现了中国哲学"天人合一"的理念。棋盘由横纵 19 条线组成，以天元为中心共有 361 个交叉点，象征着宇宙的缩影。中国自古就有"天作棋盘星作子"的说法，认为棋局就是天地宇宙，棋道就是天道、地道、人道。《玄玄棋经》序中概括说，棋道之中"有天地方圆之象，有阴阳动静之理，有星辰分布之序，有风雷变化之机，有春秋生杀之权，有山河表里之势。世道之升降，人事之盛衰，莫不寓是"。一言以蔽之，棋道能"究天人之际，通古今之变"。下棋有助于参透人生、社会与历史。因此，古人很早就将围棋作为早教启智的活动。

据晋代张华《博物志》中的记载，尧帝发明围棋并以之教儿子丹朱；舜认为儿子愚笨，因而亦用围棋教子以开其智。在古代对弈是培养军人才能的重要工具，围棋也常常以兵法作为棋道，以弈喻兵，以兵喻弈。三国时期的曹操、孙策、陆逊，东晋的谢安，北宋的宗泽，清代的曾国藩等许多军事家，都是弈棋的高手。唐宋时期，对弈之风遍及全国，它不仅具有军事价值，还能陶冶情操、愉悦身心、增长智慧。古人认为，通过棋道能够参透天地、社会、历史与人生，这当然有些言过其实，但围棋的确不仅是古代文人修身养性的一种方式，而且还是衡量才子佳人思维水平和艺术素养水准的一个基本尺度。

何云波在《围棋与中国文化》一书中阐发文人与棋的关系:"文人与棋的结缘,可用四字概括:闲、趣、狂、道。闲者,闲适人生也;趣,棋中自有真趣;狂,于棋酒中放浪形骸,自有一种疏狂;道,即于方寸棋盘,悟人生之道。"日本棋院中挂有一条横幅,写着"围棋有五得:得好友,得人和,得教训,得心悟,得天寿"。虽然不知道"五得"由谁提出,但其显然与中华文化一脉相承。中国著名作家严文井、郝克强、金庸等先生皆很欣赏这"五得"。金庸先生还曾专门就"五得"撰写散文,收于《金庸散文集》中。他特别强调:"弈道,长寿之道也。"以阐发围棋的养生功能。众所周知,养生之道讲究清静无为、返璞归真、形神兼养,调养心态有助于益寿延年,而围棋正是调养心态的绝佳途径,"善弈者长寿"的说法不断被印证。纵观围棋界,长寿者居多,最典型的莫过于吴清源大师。他从小身体素质很差,还得过肺结核,但越活越有精神,100岁去世那年还能与人对弈。金庸先生也在他的散文中举例说:"我国当代著名棋手王子晏、金亚贤、过旭初、过惕生等诸位都年寿甚高,足为明证。王子晏老先生年过九十,棋力只稍退而已。"

在不少历史文献中都可以看到,弈棋是古代文人雅士的一项娱乐消遣和修身养性的活动。白居易、元稹等人更是嗜棋成癖,不仅时常相聚论棋,而且有客来访时竟以棋待客。传说元稹居家待客有两大佳处,一是酒,二是棋。皮日休的《李处士郊居》诗:"园里水流浇竹响,窗中人静下棋声。"杜荀鹤的《观棋》诗:"对面不相见,用心同用兵。"晚年的白居易常与胡杲、吉皎等八位德高望重的老者聚会香山斗棋,称为"香山九老",明代画家黄彪的《九老图》,就再现了九老弈棋的情景。宋代的欧阳修、苏轼、黄山谷、陆游、杨万里等著名文人对围棋更是十分倾心,将弈棋与观棋都作为一种高雅的活动来参与。宋元时期著名的道教领袖张继先、白玉蟾、王重阳、马钰等人也都喜爱下棋,并将围棋作为道教重要的养练方式之一。欧阳修曾专门开辟了一座幽雅的棋轩来开展这一雅致的娱乐活动。他在《新开棋轩呈元珍表臣》中，描绘了新建的棋轩周围幽静的景色以及主客在此聚精会神下棋的情形。诗云："竹树日已滋，轩窗渐幽兴。人闲与世远，鸟语知境静。春光蔼欲布，山色寒尚映。独收万虑心，于此一枰竞。"竹林摇曳，轩窗幽深，春光斜照，几声鸟鸣更显静谧。弈棋人在变幻莫测的小小棋局中，让精神自由驰骋，仿佛远离了世间的喧嚣和烦恼，表达出了弈棋活动中特有的文人雅趣。

有人曾总结，下棋有助于训练十种工作能力：①单独处理问题的工作能力；②迅速把握住问题的关键的工作能力；③接受现实的工作能力；④随时随地永不放弃期待和理想化的工作能力；⑤组织的工作能力；⑥坚决的工作能力；⑦尊重他人优势、反省自身缺陷的工作能力；⑧目光宏大，不追求近利的工作能力；⑨坚强不屈的工作能力；⑩开展逻辑性科学研究的工作能力。

笔者曾请教爱好并研究围棋的朋友，他们不仅认可以上总结，而且还补充说，在下棋的过程中，需要思考后续棋局的变化，在脑海中形成相应的"情景"图像，从而促进情景思维的不断发展，这也是抽象思维能力提升的过程；棋艺的提高，还有助于突破以往单一的思维定势，从多个角度展开思路，找到更好的解决问题的方式；达到一定水平的对弈者都有"复盘"的习惯，即在博弈结束以后，对弈双方根据自己和对方的思路将棋局再回想一遍，对其进行分析、拆解，这不仅能够加深对这盘棋局的印象，找出双方攻守的漏洞，提高下棋的水平，而且能使人的记忆力和逻辑思维能力得到很好的锻炼和提高。

根据现代的研究成果，下棋可锻炼人的思维，提高记忆力和推理判断能力，陶冶性情，增益心智。下棋讲究平心静气，专心致志，意守棋局，排除杂念，吐纳均匀，最终练得超越胜负的豁达心态，从而达到养生的效果。下棋时，需全身放松，心无旁骛，呼吸缓长，类似佛家、道家养生中的"以一念代万念"。东晋名士王坦之把弈者正襟危坐、运神凝思、喜怒不形于色的神态，比作是僧人参禅入定，故称围棋为"坐隐"。

在日本，棋道规定：下棋前，棋手应该静静等待，先用一块干净的棉巾在棋盘上慢慢"拂之"，寓意"净心"，可谓继承和保持了棋道的守静之风。

韩国棋坛名手李昌镐曾谈及下棋的妙处说："世界的所有秘密都被呈现在围棋中，而只要稍微开拓一下视野，那无穷无尽的变化就会滚滚涌现。在那如同迷宫般交错的横线和竖线上思索，然后每次解决困局找到新的棋路的欣喜，就如同发现天下至宝。"他的这段话，很好地总结了围棋的益智功能。

中国象棋也是国人喜爱的棋文化活动，是中华民族的文化瑰宝，被列为首届世界智力运动会的正式比赛项目之一。它主要流行于有华人及汉字文化圈的国家。据史籍所载，象棋在战国时期已经流行。《说苑·善说》等书中皆记载了战国孟尝君下象棋的事，有个叫雍门子周的人，曾在见孟尝君时批评他说："燕则斗象棋而舞郑女。"象棋中"将""帅""士""车""马""炮""兵""卒"各子的得名，也是由不同军职和兵种而来的，这正好与春秋时期的兵制相吻合。

象棋的益智健脑功能被许多科研成果所证实。在下象棋的过程中，要集中精神，心要静、气要定，长此以往，能够培养出处变不惊的品格。日本帝京大学研究生院中尾睦宏教授曾带领研究小组开展一项科研，对有"棋手之城"称号的兵库县加古川市志愿者棋手进行研究，证明了象棋对心理健康的促进作用。参试的 67 名 60~86 岁男棋手模拟假定的 6 个甚为棘手的对弈情境，在一番对决并攻破难题后，参试者参加心理学认知行为疗法测试。研究人员共对参试者进行了 7 次问卷调查，并对其回答进行分析。结果表明，参试者"在情绪低落时难以自控"的倾向减少，"能够稳定地把握思维"的倾向提高，"自我缓解压力"的能力增强，心理状态也得到了很好的改善。

与弈棋活动一样，麻将也是模拟人们面对博弈时所进行的活动，是中国传统休闲文化的组成部分。在现代中国，麻将成为一种极具代表性的老年社区娱乐活动，已取代弈棋成为一种更为普及的休闲娱乐活动，因此，我们不妨也谈谈它的益智健脑功能。

美国佐治亚大学的研究团队发表于《社会科学与医学》杂志上的文章指出，打麻将有益于45岁以上的中老年人的身心健康。他们研究了11000名45岁以上的居民后发现，更频繁的社会活动与更好的心理健康有关。打麻将的城市中老年人不太可能感觉到沮丧。仁济大学与岭南大学一起合作研究，将100名老年痴呆症患者分成两组。第一组人每星期打4次麻将，每次打4圈，而另外一组每星期只打2次麻将。5个月后，打麻将次数较多的那组患者，思考力、记忆力和反应速度远胜过一周只打2次麻将的那组人。[①]

香港中文大学学者也对麻将是否在一定程度上影响老年人的认知活动做了对比研究。他们选取了204位年龄在55~88岁的老年人进行研究，主要考察阅读、民间信仰及是否会打麻将的老年人的心理认知能力。通过中国版马蒂斯临床痴呆量表(chinese dementia rating scale, CDRS)进行测量，回归分析结果发现，频繁阅读的老年人量表总分要高于打麻将的人。可见，打麻将在一定程度上能降低患老年失智症的概率。还有一些研究者针对老年人易患痴呆症的情况，运用麻将的游戏规则，采用探索性因素分析法，结合麻将分析失智症患者的认知功能的特点，发现打麻将能产生一定功能上的刺激。受测者是62名经医生诊断患有失智症的老年人，平均年龄接近84岁，在过去的6个月没有接触过

①　参见斌斌:《新研究发现:搓麻将有益中老年人心理健康》,"快科技"(mydrivers.com)2019年9月19日。

麻将。研究采用随机分配的方法，分成一星期打 2 次麻将与一周打 4 次麻将。结果显示：不管打麻将的频率是多少，麻将在人的认知功能方面都会产生一定的作用，主要表现在对数字与非文字的记忆上。[1]

有人归纳了老年人打麻将的目的：一是消遣时间；二是考验自己的记忆能力；三是为了追求愉快体验。这的确是比较合乎实际情况的。在现实生活中，许多老年人因身体状况欠佳，退休失去工作寄托，家庭出现空巢现象，导致出现消极情绪，而为了缓解这种不良的心理反应，他们会选择麻将这种有刺激意味的活动作为发泄渠道，以排解生活上的压力；而在打麻将的过程中，如果自己的牌技和运气不错，常常会以此为豪。麻将作为一种不需要专业监督就可以减少或治疗老年失智症的放松方式，作为社区活动的项目之一，当然受到了大众的欢迎。

麻将使人的大脑处于高速运转中，增加了与麻友交流情感的机会，不仅具有益智健脑和预防老年失智的康养功能，而且还可以帮助活动手指。同时，麻将具有自然的凹凸感，经常在手中摩擦能起到按摩穴位的作用，天长日久，会达到与足疗相仿的手疗功效，也有利于手部经络的畅通。中医认为，手部经络的穴位丰富，既有手三阳经、手三阴经及其穴位的循环与分布，又有十四经的沟通联系、众多经外奇穴的分布。经常刺激这些部位，可调整相应组织器官的功能，改善其病理状态，从而起到防病治病、强身健体的作用。

所以，现在麻将也被列为国家体育总局批准的运动健身项目，有章可循。只要适度把握，控制时间，用以消遣，决不赌博，麻将就是一项有益的健脑益体智力活动。

---

[1] 参见冯宏维，莫传玉：《浅析麻将文化对老年人身心健康的影响》，《教育教学论坛》，2018 年第 48 期。

第二节　制怒忘忧怡性情

以棋解忧是对弈的另一功能。围棋有个浪漫的别称叫作"忘忧"。意思是说，在对弈之时，思想集中，忘记了一切烦恼和忧愁。这一典故出自《晋书·祖逖传》，书中记载：东晋名将祖逖的兄长祖纳嗜好下棋，他的好友王隐劝他说，大禹珍惜每一寸光阴，未尝听说他下棋。祖纳指着棋说：我也是以此忘记忧愁（"我亦忘忧耳"）。"忘忧"之名由此而得。永嘉之乱后，西晋灭亡，南方建立起东晋政权，祖逖在建武元年（317年）率部北伐，得到各地人民的响应。数年间，祖逖收复黄河以南的大片领土，使得石勒不敢南侵，但因功勋巨大，受到东晋朝廷的忌惮，他的北伐受到牵制，东晋朝廷明争暗斗，国事日非。在这种政治黑暗的形势下，有操行，有文才，又能清言的祖纳更是难展才华，故围棋成为他排遣忧愁的精神寄托。

后世，视围棋为"忘忧"之物的说法得到广泛的共鸣。唐代诗人白居易在 44 岁被贬江州，在此人生低谷之时，他学习围棋以解忧，《孟夏思渭村旧居寄舍弟》一诗云："兴发饮数杯，闷来棋一局"，有客来访时"晚酒一两杯，夜棋三数局"。后来，他通宵迷于棋局之中，《刘十九同宿》一诗就表露了这种雅兴："唯共嵩阳刘处士，围棋赌酒到天明。"他的棋友包括僧人、处士等各种人士，《池上》一诗中说："山僧对棋坐，局上竹阴清。映竹无人见，时闻下子声。"他在清幽的竹荫下与一位僧人对弈，竹林掩抑，静寂无人，只听得到下棋子的声音，这是何等的幽静闲雅。暂时远离俗世，在青幽山谷之中，忘情于对弈的愉悦之中，有效地排遣着心中的郁闷忧愁。

陆游一生好棋，特别是到晚年，围棋更是成为他失意人生的寄托。有人从他的诗句中发现，一年四季、白日黑夜，他经常沉迷于棋局中。

请看《春晚》："晓枕呼儿投宿酒，暮窗留客算残棋"；《夏日》："棋局每坐隐，屏山时卧游"；《秋兴》："钓归恰值秋风起，棋罢常惊日景移"；《冬晴日得闲游偶作》："诗思长桥蹇驴上，棋声流水古松间"。在晚年罢官后，陆游前后十二年谪居老家山阴，身居茅草房，依靠友邻接济，又有官吏逼租，甚至不得不典卖衣当。在这清贫困顿的日子里，陆游穷且益坚，不坠青云之志，琴、棋、诗、书、茶成为他重要的精神寄托。他与僧人弈棋品茗"约客同看竹，留僧与对棋"（《闲游》）；"畦地闲栽药，留僧静对棋"（《用短》）；"溪边唤客闲持钓，灯下留僧共覆棋"（《闲趣》）；"佳日剧棋忘旅恨，短衣驰射压儒酸"（《初春遣兴》）的诗句，更是表达出陆游在穷困潦倒的艰难旅途中下棋解愁的情形。

北宋著名画家、诗人文同《棋轩》诗云："时引方外人，百忧销一局"，反映出他经常与佛道等方外人士对弈以消"百忧"的情景；宋徽宗"忘忧清乐在枰棋"的诗句概括出了围棋排遣忧愁的功能。

弈棋对于控制过激情绪也有较好的作用。冯梦龙的《古今笑史·弈》中记载了唐代宗时的宰相李讷弈棋制躁怒的故事："李讷仆射，性卞急，酷尚弈棋，每下子安详，极于宽缓。往往躁怒作，家人辈则密以弈具陈于前，讷睹，便欣然改容，取子布算，都忘其恚矣。"李讷性情火暴，但是酷爱下棋，只要下棋，立刻心态安详宽缓。于是每当他躁怒发作时，他的家人就悄悄地端出棋盘放在他面前，李讷见到棋盘就马上忘了发怒之事，拿起棋子摆弄棋局，"欣然改容，取子布算"，满腔愤怒烟消云散。虽然冯梦龙将这则故事作为笑话记载，但也说明了下棋对于调节情绪的积极作用。

第三节　人生如棋悟人生

弈棋有助于调节情绪，同时也能体悟人生，反映、观察人品。金庸先生总结围棋"五得"，将"得教训"与"得心悟"视为"五得"的精义。他说："过分求胜而近于贪，往往便会落败。这不但是棋理，也是人生的哲理，似乎在政治活动、经营企业，甚至股票投机、黄金买卖中都用得着。既要求胜，又不贪胜。"这一体悟正是中国传统哲学持守中道的智慧，对于人们宠辱不惊、保持平和的心态是很有帮助的。

围棋技艺中充满了辩证思维，章必功曾阐发围棋的哲学内涵说："围棋的黑白棋子在棋盘上的应对，象征着'阴'和'阳'在天地间的分化交合、对立斗争，棋盘上每一着棋都体现着对立统一的矛盾。"李莉亦认为："许多棋理都充满了辩证思维的观点。围棋千变万化，引人入胜。"其中的辩证思维模式可以引导人们"验证和体会辩证思维，在胜利与失败中培养全局观念"。

人生如棋，落子无悔，下棋想赢是人之常情，但不要把输赢看得过重。棋盘上的你争我斗，输赢胜负，何尝不是人生的写照呢？磨炼出宠辱不惊的良好心态，从中体悟些做人的道理，岂不比眼下的输赢更有价值？

对此，先贤已有深刻的认识。唐朝的围棋国手王积薪传下来的"围棋十诀"，至今仍被印在许多日本棋书的封面上，被公认为是围棋原则的典范。十诀的第一要诀是"不得贪胜"。王安石曾在围棋中悟出宠辱不惊的人生哲理，他有一首棋诗说："莫将戏事扰真情，且可随缘道我赢。战罢两奁分白黑，一枰何处有亏成。"明朝文人唐伯虎也说过："随缘冷暖开怀酒，懒算输赢信手棋"（《避事》）；"眼前富贵一枰棋，身后功名半张纸"（《闲中歌》）。这都说明了围棋给人以甘于淡泊、安贫乐道的启示。的确，下棋主要是娱乐而已，不必为输赢过分处心积虑，愁眉苦脸。有时候，一个人明明能赢棋，却出个"昏招"输给客人好友，让他高兴一番，这又何尝不是善意惜缘呢？

下棋是雅事、乐事，但对胜负心比较强的人来说，也是劳心费神的差事，而观棋就不一样了。围棋到了唐宋时期，逐步出现专业的棋士棋与业余的文人棋的分野，常人既然技不如专业棋手，何妨退而观之？善弈不如善观，观棋之风逐渐在文人、士大夫中流行开来。观棋不关自己的输赢，处于旁观者清的境地，往往能从中悟出一些道理。在历史上，文人留下了不少观棋之诗，足以让人得以窥其奥趣。身处政治争斗和时代艰危之中的文人，更是希望在弈棋中寻求心灵的休憩和精神的乐趣，体悟人生和世态的风云变幻。从北宋江西诗派的开山之祖黄庭坚的《观叔祖少卿弈棋》一诗中，不难读出这样的心声："世上滔滔声利间，独凭棋局老青山。心游万里不知远，身与一山相对闲。夜半解围灯寂寞，樽前翻却酒阑珊。因观胜负无常在，生死□□□不关。"（此三字失佚）从棋局中透悟世事胜负无常、生死变幻，真乃观棋的高境界。

北宋诗人、散文家、史学家王禹偁观棋曾受到启示，也留下了"乃知棋法同军法，既戒贪心又嫌怯。惟宜静胜守封疆，不乐穷兵用戈甲"的诗句。意思是说，下棋如同对阵，贪者急躁，怯者犹豫，非时冒进和贻误战机都必败无疑。善战者如善奕，以守为攻，不用穷兵也可取胜。因此，有人评价说，此诗"分明《孙子兵法》中的'不战而屈人之兵，善之善者也'"。

苏轼的《观棋》更是让人启示良多："五老峰前，白鹤遗址。长松荫庭，风日清美。我时独游，不逢一士。谁欤棋者，户外屦二。不闻人声，时闻落子。纹枰坐对，谁究此味？……胜固欣然，败亦可喜。优哉游哉，聊复尔耳。"好一幅令人神往的深山独游观棋之胜景，好一份"胜固欣然，败亦可喜"的豁达心胸。他在该诗中回顾当年在庐山白鹤观中观棋的情境，自己虽然欲学下棋却最终仍未学会，而现在看到刚会下棋的儿子与人对弈，他兴趣盎然地在一旁观棋，"竟日不以为厌也"。此时，苏轼被贬海南，已是年过六十，虽然沦落在异乡，前途灰暗，归期渺茫，但能够淡然处之，自得其乐。其中"胜固欣然，败亦可喜"已成为千古名句，它既是苏轼对弈棋输赢的评价，更表露出他宠辱不惊、进退自如的人生态度，体现出士大夫看淡胜负而在意弈之趣、弈之悟的趋势。

观棋的魅力在于，不仅棋局胜负引人入胜，还可以让人超脱局外，从另一视角体悟到人生的成败祸福之理，抽身于外，处世也更为豁达、通透。在弈棋的过程中，人们会经历无数次胜负，从而历练了心志，轻看了世上暂时的荣辱、输赢和得失。故宋代石介的《观碁》说："试坐观胜败，黑白何分明。运智奇复诈，用心险且倾。嗟哉一枰上，奚足劳经营。"足见观棋可看到棋手之间的运智斗巧，观棋者"妙算心机巧，般般局外明"，看人用智，给自己长点智慧，也是一种收获。可见，不为胜负，置身局外，观棋成为文人们养心益智的一桩雅事。

一生坎坷但百折不挠的陆游研究史书时，曾著《两朝实录》《三朝史》和《南唐书》等史学专著。作为史家，他不仅从棋局中体悟现实社会，亦以棋喻史，以棋观史。他在《读史》一诗中说："功名多向穷中立，祸患常从巧处生。万里关河归梦想，千年王霸等棋枰。"饱含了对于历史兴废的感慨。帝王的千年王霸事业，也能在小小的棋盘中得到浓缩反映——"千年王霸等棋枰"，无形之中，胸怀就宽广了起来。

陆游也有一首《观棋》："一枰翻覆战枯棋，庆吊相寻喜复悲。失马翁言良可信，牧猪奴戏未妨为。白蛇断处真成快，黑帜空时又一奇。"这首诗细致而生动地描绘了诗人观棋的情形。"一枰翻覆战枯棋，庆吊相寻喜复悲"，是写棋盘上的交战、局势不断反复，对弈之人一会儿提心吊胆，一会儿暗自庆幸，因为胜负而悲喜转换；"失马翁言良可信"反映出对弈双方战局的胜败相交、跌宕起伏，意思是说，失马的塞翁说的话是良言，值得相信；而"牧猪奴戏未妨为"是通过鄙称来告诫人们下棋不必较真，启示人们不应沉迷于其中。（"牧猪奴戏"是对赌博的鄙称，语出《晋书·陶侃传》，晋代名将陶侃精勤于吏职，部下有时聊天、游戏荒废公事，他就让人拿走酒器和赌博的器具投到江里，并说"赌博只是放猪人的游戏"。）

第四节　迷棋有"弊"宜"救弊"

对弈作为一种修身养性的活动，应当尽量看淡胜负，而不应执迷于棋中，以避免对身心产生伤害。弈棋的过程中，太执着于输赢往往会带来不少令人遗憾的后果。发生在汉景帝刘启身上的一桩命案就是一个典型的恶果。汉景帝刘启当太子时，曾与堂兄、吴王刘濞的儿子刘贤下棋，因互不谦让起了争执，刘启随即举棋盘砸过去，竟砸死了刘贤。刘濞痛失骨肉，怒不可遏，就此埋下了日后吴楚七国兵乱的祸根。因下棋而闹出人命，又成为导致日后国家动乱的一个隐患，这不能不说是历史上的一个大悲剧。

在现实生活中，下棋时过分执迷于胜负的教训也不少见：有位患有高血压、糖尿病、心脏病并有轻度抑郁症的老人，在散步时和别人下了几盘象棋，可能是输了，因此而耿耿于怀。第二天早上，老人生活都不能自理了，一直痴呆着做下象棋的动作，到晚上清醒了一会儿，他说脑子里老想下棋的事。这个案例值得人们引以为戒，下棋时不要太在乎输赢，尽量避免凌厉的棋风，避免情绪波动太大，否则会使心跳加快，血压升高，从而诱发心绞痛、心肌梗死和脑血栓等意外事故。此外，下棋时不要坐得太长，因为颈部肌肉和颈椎长时间处于相对固定的位置会导致局部血液循环不良，使肌肉劳损，发生头痛及颈椎病；久坐不动还会出现下肢麻木、浮肿等，最好隔一小时左右做一次"踮脚"运动，抬起两脚脚跟，使下肢血液回流顺畅。

同样，打麻将也要有度，不要太在乎输赢，不注意节制将会损害身心健康。研究者发现，老年人因为自卑以及不服老的自尊心，会逐步增加消极情绪。在面对麻将这种有输有赢的活动项目时，老年人容易将自己的情绪寄托在上面。麻将的诱惑会填补一个人空虚的心房，一些老年人将大多数时间沉浸于此，甚至忘记老伴或忽略子女的关爱，并且将这份关爱转换为麻将的物质筹码，这些都是极不明智且不利于身心健康的。老年人如果长时间专注在麻将桌上，必将有损健康。打麻将的时候，人通常是维持一个姿势，如此坐着僵持不动，容易导致膝盖血管不通，肌腱的收缩力和反射力也都会减弱；老年人除了手部关节能保持很好的舒展，其他地方如大腿、膝盖则会因僵化导致骨质疏松或关节炎等疾病的发生。因此，老年人不可过分沉迷于打麻将，需要多活动自己的筋骨，这样对身体健康有非常重要的作用。

无论是下棋还是打麻将，要注意哪些事项才能达到养生的目的呢？

第一，不要饭后立即下棋或打麻将。饭后立即开展这些活动，会增加大脑供血需求量，从而减少消化道的供血量。有些人尤其是老年人因消化液少，消化功能差，消化道供血量少，会影响人体对食物的消化。

第二，不要不分场所地下棋或打麻将。有的人下棋或打麻将不分场所，或在马路边，或就地而战，长期这样，容易引发呼吸道疾病。

第三，不要边吃东西边下棋或打麻将。"病从口入"，边吃东西边下棋或打麻将，容易感染各种肠道疾病，而且会引起消化道疾病。

第四，下棋或打麻将时切勿吸烟。有的人一边下棋或打麻将一边吸烟，严重污染了周围环境，长期这样对身体健康不利。

第五，下棋或打麻将时千万不要有大的情绪波动。老年人的血管弹性差，下棋或打麻将时，若精神高度集中、情绪波动太大，会使心跳加快，血压升高，从而诱发心绞痛、心肌梗死和脑血管意外。

第六，下棋或打麻将时不要久坐。颈部肌肉和颈椎长时间处于相对固定的位置，会导致局部血液循环不良，使肌肉劳损，发生头痛及颈椎病。另外，还可导致臀大肌和坐骨神经疼痛以及下肢出现麻木、浮肿等。

下棋或打麻将时精神高度紧张，会引起身体极度疲惫，加之长时间坐着，必然会引起各种疾病。因此，我们要针对下棋或打麻将做一些小动作，以缓解久坐带来的危害。最好一小时左右做一次"踮脚"运动，即抬起两脚脚跟，目的是对小腿后部肌肉进行收缩挤压，每次收缩时挤压出的血量大致相当于心脏每次跳动时排出的血量。

有人提倡打"健康麻将"，这其实就是在传统玩法上添加了一些合理的限制和规定，如：不赌钱；每次不超过两小时；不通宵达旦；每周须保证充分的体育活动；不能因打麻将而影响做家务、学习及与亲友交流等正常活动。一项调查结果显示，打"健康麻将"的老年人大多思维敏捷、反应灵敏、情绪轻松，此外也不会因为麻将引发各种家庭矛盾。这种打"健康麻将"的概念，值得我们借鉴。

＊　＊　＊

当你为工作忙了大半天，不妨停下来，小憩一会儿，沏一壶茶，约上棋友，手谈一局，这是何其惬意和美妙。

主要参考文献

[1]何云波. 围棋与中国文化[M]. 北京：人民出版社，2001.

[2]林建超. 围棋与人生[M]. 北京：经济科学出版社，2017.

[3]薛克翘. 中国围棋史话[M]. 北京：中国国际广播出版社，2010.

[4]李莉. 论围棋文化与大学生素质教育[J]. 北京体育大学学报，2005(2).

[5]盛敏，刘仲华. 棋茶一味可通禅——从陆游的棋诗、茶诗看中国古代文人的生存方式与审美趣味[J]. 湘潭大学学报，2017(5).

[6]宋丹，段辛安. 忘忧清乐在枰棋——论围棋与古代文人的生活[J]. 山西师范大学学报(社会科学版)：研究生论文专刊，2015(5).

第六章

书法的康养功能

　　中国书法伴随着汉字的产生而演变和发展，是中华民族宝贵的文化艺术遗产，连接着中华文明精致、优雅的部分，彰显出独特的民族性，被列入《人类非物质文化遗产代表作名录》。它不仅是文人雅士表现真善美的载体，也是深为广大民众所喜爱的活动，从穷乡僻壤到繁华闹市，到处都有练习书法者，各地老年大学的书法班每期"暴满"。名家书法作品被称为墨宝，成为世人欣赏和收藏的珍品；厅堂里挂上一幅书法作品，不仅能反映出主人的文化品位和精神追求，更能让屋内清丽高雅，赏心悦目。

　　书法在古代被称为表达思想感情的"心画"，"有情的图画，无声的音乐"。书法的魅力在于它具有极强的内在审美倾向，从内容到表现形式都被赋予了人的品格情志，是心灵的表白，把情感、理念、思想融入墨韵之中，从而感化人、净化人、教育人。有人说，书法写的是学问、写的是胸怀、写的是生活、写的是激情……这些话语，道出了书法的真谛和妙处。如今，书法还是让人形神兼修的良方。

第一节　古今书家多高寿

　　书写或练习书法是一种高雅的特殊健身活动，它的养生功能早已被古人所认识。"寿从笔端来""书家用于养心愈疾，君子乐之"，这些说法流传已久。宋代著名诗人陆游更是发出"一笑玩笔砚，病体为之轻"的慨叹。当代书法家舒同也说："经常写字，气血通畅，精力旺盛，疾病也少。"因此，现代书法家罗会云先生曾总结说："自古书家多长寿，修身养性在笔端。"

书法使人健康长寿的例证有很多，历史上也有很多书法家是健康长寿之人，如汉朝的锺繇、南北朝的陶弘景；隋代的智永和尚，唐代的虞世南、欧阳询、柳公权；明代的董其昌、沈周、文徵明；清代的朱耷、刘墉、梁同书。现代书法家中的高寿者更是不胜枚举，如吴昌硕、齐白石、黄宾虹、何香凝、章士钊、沙孟海、赵朴初、启功等书画大师。曾被称为上海第一老人的上海著名书法家苏局仙，年过百岁后仍临池不辍，有人向他请教养生之道，他说："唯书画而已。"孙墨佛老先生在一百多岁时，还为参加奥运会的代表连写了 20 幅字，并对在场的人讲："我的长寿之道就是写字。"

据洛阳县新闻中心记者吴会菊和李素云的报道，当地一位名叫尚现敏的职工在 45 岁时被确诊为唇癌，虽经过三次手术，但医生还是给他下达了死亡通知：最多还有两年的寿命。陷入绝境的尚现敏通过练习书法，先后练习欧颜楷书、汉隶魏碑、二王行书，竟然战胜了癌症。十年过去了，他的病情再也没有复发过，他曾到医院复查，当年的主治医生感动地说："在你身上发生了奇迹，我也觉得很成功。"如今，尚现敏已是汝阳知名度较高的书法爱好者，成为中国硬笔书法协会会员、央视网区域博览频道书画家联盟副主席等，他的书法作品多次在拍卖会上成交。（吴会菊　李素云：《十余年抗癌 苦练书法创造生命奇迹》微视频，汝阳县新闻中心官方微信平台"今日汝阳"）。

著名油画家罗工柳教授 60 岁时患淋巴癌，被医院判为"死刑"。可是他的求生欲望强烈，便于千里之外找了一个海岛隐居下来，每日提笔练习狂草,半年后病情大有好转,癌症消失,他高兴地说:"是中国书法救了我!"此后一直活到89岁高龄。[①]

书法的疗疾养生功效,已在中西医学界得到确认。《养生康复学》一书中就提到了书法养生,在人们列出的20种长寿方法中,书法位居榜首,练习书法的疗效被不少研究成果所证实。据随杰在《老人世界》上发表的《书法与养生》一文中介绍,我国某地疗养院就运用练习书法、打太极拳、钓鱼这三种方法调养神经衰弱。

为何书家多长寿,为何书法有助于疗疾呢?这是有其内在科学道理的。在书写之时,全神贯注,不思荣辱,不思得失,心无烦恼,形无劳倦,身正心静,身体放松,然后运气于指、腕、臂、腰,以调节全身之力,用力轻重有度,运笔快慢有序,协调体内各部分,有助于加强血液循环和新陈代谢,对人的心理也都有较好的调节作用。

第二节　抒情解郁致虚静

古代的书法家观察到,书法落墨表现出来的气象与人的情绪有内在关联。所以,书法大家在挥毫泼墨之前,总是要先调理情绪,酝酿感情,气定神闲、心平气和方可下笔,久而久之就养成了不急不缓、沉稳淡定的气质,可以抒发情绪、平和心理。

东汉书法家蔡邕的《笔论》一文,开篇就论述了书法抒发情怀的特征以及书法家创作时应有的精神状态。其文曰:"书者,散也。欲书先散怀抱,任情姿(恣)性,然后书之……先默坐静思,随意所适,言不出口,气不盈息,沉密神采……则无不善矣。"意思是说,从事书法活动时要注

---

① 参见包立民:《似花还似非花》,中国作家网,2007 年 01 月 11 日(http://www.chinawriter.com. cn)。

意先调节心态。动笔之前，必须心胸舒展，任凭自己的性情无拘无束，自然放松，继而挥毫书写；在书写之前，还要静坐默思一番，酝酿适意的构想，言不出口，气息平和，聚精会神，这样才能写出好的作品。文中还说，如果是被迫应事，即使用中山产的兔毫佳笔，也写不出佳品来。这就启示人们，在书法创作时，保持"静"和"虚"的心理状态十分重要。

对书法颇有心得的唐太宗在《笔法诀》一文中也表达了同样的观点："夫欲书之时，当收视反听，绝虑凝神。心正气和，则契于玄妙。"在书写之时，先通过入静调身、调息、调心，心静气和，高度集中注意力；然后任情恣性，随意挥洒，方能达到心手双畅，体会到书写艺术的妙处。这与练静养功（或气功）或打太极拳时讲究排除杂念、意守丹田穴、呼吸均匀等要求是相通的。因此，欧阳询曾把"澄神静虑，端己正容，秉笔思生，临池志逸"的书法，看作是一种"集中神思，消除杂念"的疗法，这是从实践中总结出来的经验。但在现实生活中，人们的心神极易动荡不安，要调控心态，保持虚静自然，并不容易做到；虽然知道虚静有益于身心健康，但刻意要求入静往往会杂念丛生，适得其反。对此，通过书法来转移注意力，也许有助于达到这种良好的心理状态。

清朝的康熙皇帝玄烨酷爱书法，他也曾谈及练习书法对于收敛心神的作用。他专门论述书法的长寿之道说："人果专心于一艺一技，则心不外驰，于身有益。朕所及明季人与我国之耆旧善于书法者，俱寿考而身强健。复有能画汉人或造器物匠役，其巧绝于人者，皆寿至七八十，身体强健，画作如常。由是观之，凡人之心志有所专，即是养身之道。"他不仅谈到了自己关于书法修养身心的亲身经验，而且以一些明末耆旧为例，说明"善于书法者俱长寿"，进而推及善于绘画或工艺技术者，得出"心志有所专，即是养身之道"的结论，有理有据。

书法的调心之妙，更在于可以作为排遣负面情绪的良方。何乔潘就在《心术篇》中一语道破了书法的这种心理调治功能："书者，抒也，散也，抒胸中气，散心中郁也。"韩愈也很认可书法的心理疏导功能，特别是书写狂草。他评介唐代书法家、"草圣"张旭说："喜怒、窘穷、忧悲、愉佚、怨恨、思慕、酣醉、无聊、不平，有动于心，必于草书焉发之。"意思是说，通过挥毫泼墨，可以把喜怒哀乐之情用草书发泄出来，特别是能够将郁积于心中的窘穷、忧悲、怨恨等负面情绪从笔端倾倒释放出去，不至于因压抑心头而成疾，也不会积累在心底而暴发伤人。

的确，长期练习书法的人都有这样的体会：心中狂喜时，写字可使人冷静下来，避免喜过伤心；心中郁闷之际，写字可以使人忘却忧虑，避免忧甚伤脾；心中有无名火起时，写字可以使人恢复宁静，避免怒气伤肝。可见，书法就像镇静剂一样及时抑制不良心境，调摄情感，使人的整个心理状态得到稳定和平衡，达到调节性情、防治疾病的目的。

以下再通过两个事例来证明书法调节情绪的实效：唐代文人张发爱好书法，但他不是为了练习技艺，而是为了养生调心，遇到不平之事、心中愤怒时，他立即去写字来消除怒气。同样，扬州八怪之一的郑板桥在担任范县、潍县的知县时，郁郁不得志，当受到上司压制、心中愤怒时，他就铺好宣纸，提笔画竹以平息怒气，后来他因为得罪豪绅而被罢官，画竹更成为他晚年自娱自乐、排忧解愁的养生之道。

人生在世，会遇到各种不平之事和不如意之事，正所谓"人生不如意，十固常八九"。由于眼前的挫折或失意而消沉痛苦，因别人的错误而以愤怒、焦躁的利剑来惩罚、伤害自己，岂不是太不值得？心中郁闷时，不妨试试这个简单易行的方法，挥毫一番，驱除不快，还正好可以练习一下书法，也许能创作出意想不到的佳作，岂不善哉、妙哉！

古人早就认识到，不同的心理状态会使人受到不同的影响和暗示，写出的字也各不相同。元代陈绎曾在《翰林要诀》中总结说，人的喜怒哀乐等各种情绪"各有分数"，在不同的情绪下进行书写，均会对字体产生不同的影响："喜即气和而字舒，怒则气粗而字险，哀即气郁而字敛，乐则气平而字丽。情有重轻，则字之敛舒险丽，亦有浅深，变化无穷。"精辟地总结了不同的情绪对于书写的相应影响。在这方面，有一个典型的事例简单介绍如下。

众所周知，著名书法家颜真卿的《祭侄文稿》是一篇青史留名的珍品，是颜真卿面对侄儿的头骨时强压愤怒和悲痛写下的追祭侄儿的草稿，描述了堂兄颜杲卿父子一家英勇守城却终被叛军攻破，之后又被肢解灭门的过程。伟大的人格，在万分慷慨悲壮的情绪下，把毕生绝伦的技巧融入血泪而凝成的墨迹，"纵笔浩放，一泻千里"，挥毫而就。它不仅是中国书法艺术史上的瑰宝，"天下行书第二"，也成为中华民族英勇不屈的精神象征。今天面对这幅伟大的作品，我们依然能从字里行间感受到一个伟大人格，读出涌动于其中的悲愤与忠诚，不禁令人肃然起敬。

这一事例充分说明了书法与情绪、与内在人格的密切关系。正如清代王项龄所说："颜真卿'忠义光日月，书法冠唐贤'，他的《祭侄文稿》之所以成为传世之宝，不仅在于呈现在纸面的书法，更是隐于其中'为忠愤所激发，至性所郁结'的灵魂，如果仅仅只是'笔精墨妙'，岂能够'振铄千古'呢?"这也证明，作为代表着中华文化之精华的书法艺术，对于陶冶人的情操，培养高尚的灵魂具有积极的意义。心性道德也是文化养生的重要内容，接下来就这个话题聊一聊。

第三节　练气修德畅心神

据谭家祥先生介绍，古代书法养生典范、隋唐时期著名书法家虞世南曾综合书法的心性修炼之道：练气、练心、练德、做人，提倡这几方面应当同时练习，力求人品与书品俱高。

（1）练气："欲书之时，当收视反听，绝虑凝神，心正气合，则契于妙"。意指在练习之前，必须屏除杂念，收视反听，调息入定，气沉丹田，全身心沉浸于书法清修境界之中，意满气足，方能奏效。

（2）练心："假笔转心，非毫端之妙。必在澄心运思至微妙之间，神应思彻"。习书之人，必须抛却生活之烦恼，运心于书境之中，不是仅赖笔力就能出众，还须靠神思妙悟。凡书家，在笔力上皆有沉厚之功底，握笔之神采则分高下，不以拙笔而求。

（3）练德："握管使锋，逸态逐毫而应。学者心悟于至道，则书契于无为。苟涉浮华，终懵于斯理也"。深刻地道出了学书法必须注重内外功夫之修炼，德艺双馨。当思想升华到高深境界后，握笔运锋，全凭心领意会，至体健艺精后则邪气难入。若心染浮华，则难入门径，且会走火入魔。

（4）做人："心神不正，书则欹斜；志气不合，字则颠仆"。必须为人忠直，刚正不阿，若志毅和气质不合，染上歪风邪气，对人生没有深刻的理解，不懂得生活之真谛，态度不端，则所写的字也偏偏倒倒，卑俗无魂。

这些见解相当全面地总结了书法的修身养性之功能。虞世南也的确是字如其人，虞体具有高雅不凡的风韵。因此，当代书法家欧阳中石说："要学虞书，飞扬浮躁不行，必须凝神息气，正襟危坐方可。"

可见，练习书法时要沉下心来，耐住性子，不急、不躁，才能有所进步。在现实生活中，有修为的书法家很少有"肝火旺、脾气大"之人。清代周星莲曾在《临池管见》中说："作书能养气，亦能助气。"令人"矜躁俱平"。诚哉斯言！这里所说的"养气""助气"正是指练习书法时凝神沉心而保养元气、修养性情的功效。

现代心身医学认为，人的情绪波动不安，过度忧郁、恼怒或狂喜，多愁善感，皆会导致内分泌紊乱，人体机能失调，抵抗力下降，引发高血压、心脏病甚至癌症等诸多疾病。生理学研究则证明，人的神经系统，尤其他的高级部分是调节、支配其他系统与器官的活动枢纽。如果通过练习书法来调节神经系统，控制情绪，改善性格，或可防患于未然。长期练习书法，会对其产生浓厚的兴趣，沉醉其间，怡养性情，还可培养审美情趣，使人精神愉快、心情舒畅、心旷神怡，得到很多乐趣。"诗、书、画三妙，德、艺、寿齐辉"是书法创造者追求的最高境界，循序渐进，优游于其中，必能修身养性，培养良好的道德情操，使人心胸开阔，这正是书法使人健康长寿的一个重要因素。

台湾著名书法家、美学家侯吉琼在《书法中的生活美学》一书中，曾谈及自己挥毫时的美妙感受："一切的色声香味眼耳鼻舌都不见了，眼前只有毛笔的运动以及在柔软的纸上留下乌黑饱满的墨迹，空白无字的纸张、笔接触纸面的瞬间就是无中生有，天地从此有了寒来暑往，但专心写字的人对这一切的变化都只是顺势而为，应运而生，因为写字的当下没有我的意识，但一个人的生命、修养、喜怒哀乐都通过笔墨转化为自己在纸上静止的流动。"这段充满诗意的描述，是从书法家心底流露出的真情实感，向人们展现出书法艺术所独具的安定心灵、陶冶性情的作用。

另外，练习书法需要临帖，而名帖或名家的墨宝不仅具有艺术美，其中的文句更是充满了道德的光辉，或为利国为民，或为励志修德，或为歌颂壮丽山川，都有很好的教育意义；而书法创作时，所书写的内容亦多为处世为人的箴言警句、先贤名言、诗词妙联，这些也都是积极健康向上的内容。所以，无论是临帖还是书法创作，都不失为一种修养道德、磨砺心性、提升精神境界的重要途径。比如，"天朗气清，惠风和畅。仰观宇宙之大，俯察品类之盛，所以游目骋怀，足以极视听之娱"（王羲之《兰亭集序》）；"白露横江，水光接天。纵一苇之所如，凌万顷之茫然。……夫天地之间，物各有主，苟非吾之所有，虽一毫而莫取。惟江上之清风，与山间之明月，耳得之而为声，目遇之而成色，取之无禁，用之不竭，是造物者之无尽藏也，而吾与子之所共适。"（苏轼《前赤壁赋》）反复练习、书写这些作品，欣赏、临读这些作品，不仅可以提高书法艺术素养，也可以陶冶情操，净化心灵，激发兴趣，开阔心胸，不矜不卑，返璞归真，无挂无碍，使心灵受到洗涤，境界得到提升，是一种潜移默化地学习中国传统思想精华的过程；而文中所展现的山涧流泉、松涛云海、清风明月、崇山峻岭、茂林修竹等诸多胜景，又自然而然地给书写者带来了各种美妙的审美意境和艺术想象，中枢神经和感觉器官经常接收美好的信息，足不出户亦能心旷神怡，有助于人们健康而快乐地生活。这一切，对于优化性格、陶冶情操、修养道德的积极作用是不言而喻的。

第四节　意力并用健身心

练习书法是融体力和脑力于一体的艺术劳动，写字时要使全身肌肉保持舒适状态，柔中有刚、刚中有柔，刚柔相济，处于有形或无形的运动状态，使肌肉和关节得到相应的锻炼，集全身之力达于肩、肘、腕、掌、指以至笔毫之端。历代书家都强调："力发乎腰""务使通身之力奔赴腕下"。正如清代书法理论家蒋和的《书学正宗》所说："端坐作书，四肢之力俱到，惟力愈大，而运笔愈轻灵""作书用全力，笔画如刻，结构如铸"。不仅是下笔的点画、屈曲"皆须尽一身之力而送之"，即使是点画细如丝发，亦要求"全身力到"（清代书法理论家包世臣：《艺舟双楫》），做到意守笔尖，灵活自如地运用各个部位，调动周身的气和力，使气血畅达、百脉舒通。因此，练字看上去只是手在动，其实全身的气血都在运行，人体的指、腕、肘、臂、肩、胸、腰、胯、腿、脚等部位都在发力，但各部位使用的力量又有先有后、有大有小，各不相同。提笔挥毫，或似"蛟龙戏海"，或似"蜻蜓点水"，一点一画，有刚有柔，有快有慢，刚柔相济、虚实相间。

书法不仅要心静，又强调意识的控制作用，以静御动，意在笔先，以意使气，以气御力，意力并用，形神兼备。在全身心进入书写状态时，由大脑控制整个节奏变化、书写内容及风格，保持脑、眼、手相互协调以及对笔、墨、纸驾驭能力的统一，集中思维运力于笔端，把意志、情感、力度送到字里行间，要求全身多个部位高度协调，这也对中枢神经活动起到了良好的刺激作用，激活大脑高级神经细胞，净化人的心灵，绝虑凝神，身安意闲，身正气平，血脉通畅，心神高度统一、内外和谐，如同进入"练功"的境地，故有人将练习书法视为类似练气功或太极拳的活动，称其为"纸上太极"。

著名画家吴冠中先生曾在《我的朋友罗工柳的悲喜人生》一文中介绍说，著名油画家罗工柳患癌症后练习狂草以养疾，效果显著，他正是体悟和运用了狂草所独有的疏郁抒情之功和行云流水般的"气"和"韵"。对此，吴冠中曾评价说，罗工柳"始于用气来养病，终于彻悟到以气来治艺"，吴大羽亦认为，"书法具流水的自主性，令荷负着具象包袱的绘画追赶不上"。这些老艺术家可谓道出了用书法养心调疾的奥秘。

书写时对身形也有一定的要求：要做到松肩振臂，自然灵便；头正、身正、手平、挺胸收腹、腰直硬朗，半身蹲成"骑马式"，左手叉腰、右手平举；肘关节屈伸自然，五指各尽其力而又密切配合，运笔运腕，坚守稳定。运指的过程中，指动出于腕，腕关节是肘、臂、肩关节活动的机关，使整个手臂、腕、指的肌腱以及肩关节处于张弛有度的运动之中。如此，不仅周身各部的肌肉得到了有效的锻炼，脊柱和关节亦达到了平衡的状态，锻炼了肢体的筋骨肌腱。据研究，在书写过程中共有30多个关节和50多块肌肉在配合动作，特别是站立着写大字时，还要使用腰部和脚部的力量，使身体上下伸展，左右活动，这样书写起来才能随心所欲，挥洒自如，力到笔端，翰逸神飞。可见，这是"一动无有不动"的全身心协调运动，大脑的兴奋与抑制保持平衡，多处肌肉和关节的协调，神经系统的舒张，呼吸系统的配合，使人体各部位的机能和外部环境达到高度统一、和谐。

因此，这种"既动脑又动手"的活动有助于和气血、平阴阳、通经络、舒筋骨、调内脏，促进新陈代谢，形神共养。

书法家特别讲究"笔力"，从某种意义上说，书法不仅是线条的艺术，也是"力"的艺术，无论哪一种字体、书体，都有对"力"的追求，通过充满力量的线条来表现，所谓力透纸背、入木三分，正是一种形象的表述。书法家手中虽然只是一管柔毫，但要将全身的力量贯入其中，尽情地在宣纸上开合挥洒，提按转折。这就需要使用巧力、内力，刚柔相济、虚实分明、徐疾相间的力，一种内在的控制力，而不是蛮力。假如执笔不稳、行笔摇晃，写出来的字就会孱弱无力，焉能力透纸背、入木三分？因此，书写者必须练习内力，通过长期的、正确的练习，做到五指齐力，周身协调。随着笔墨的流淌，书法家将内心的精神、力量倾注于笔端，形成了一种冲击力，贯穿在书写的整个过程中，通过这些有节奏的运笔动作，使自身的呼吸和笔画的运行相和谐，很自然地通融全身的血脉，使手、腕、臂、腰等部位的肌肉得到适度的运动，其功效不亚于体育锻炼。

书法创作是学习书法的高级阶段，是体现书写者功力、素养、人格高低的一项特殊活动，有益于身心健康。每日临池握笔，开卷书写，必然端坐凝视，专心致志。写字时头正、肩松、身直、臂开、足安；执笔时则指实、掌虚、掌竖、腕平、肘起。一身之力由腰部渐次过渡到肩—肘—腕—掌，最后贯注到五指，运于毫端。有时候为了追求理想的意境，还会提着笔在纸前移动脚步构思；为了达到最佳的艺术效果，书写作画时会集中身体全部的力量，提肘悬腕，使全身的肌肉、关节都得到锻炼，相当于在做简单且实用的保健操。

有关专家在对书法行为的前期研究时发现：书写时的心率会随书写的进度出现逐渐变缓的现象，具有规律性，印证了书法健体之效。

第五节　挥毫养心循方法

年过九旬的著名老中医、广西中医药大学谭家祥先生在实践中总结出了书法养生的操作程序，将其命名为"书法养治功"，颇具实用性，笔者将其与相关资料进行综合概括如下。

首先要求环境清静。书法创作是非常讲究环境的，对环境的要求极为独特。清静的环境能使书写者身心安逸、大脑清新，进入较高的思想境界，这是养心修性难得的绝妙之处。

在习书法前做必要的准备活动，既可练好书法，又可养心调病。此法分为以下五步：

（1）放松调息：①两足开立等肩宽，两足平行，挺胸直腰，两手自然下垂。②从头到脚放松一遍，疏通全身气血经络，双手缓缓地向前平举，手心相对，稍停。③左右分开侧平举，稍停，又转为向前平举，如此作扩胸开合，扩胸时吸气，开合动作宜慢，与呼吸相配合，约做十次，可感到呼吸通畅，神清气爽，胸怀壮阔。

（2）练腕法：承上，①身体半蹲成骑马式，左手叉腰，右手平举，曲肘为执笔状，把全身气力运到右肩，保持右手为练书状。②脑海中想着帖上的字（或需要写的字），再用手专注地画着以练腕，运气、呼吸要与写字过程相配合。这也就是背帖、想帖、意化帖的过程。

（3）伏案端坐：①练书时，两足两膝平行分开相距一尺，臀部坐一半椅子上（这样全身力气不至于都落到椅子上），像骑马一般使全身气血畅通，力气自然上行。②力气由足底部而上至两肩（右肩略向外）并集中到右肩上，随着呼吸浮沉、气血自然畅通，这是运气的要领。

(4)凝神构思：①坐好后深呼吸，思想集中，清心寡欲，全身心投入，不为情欲所惑，不为名利所用，不以物喜，不以己悲，心平气和，构思好整个篇章布局及印章的位置，静心回忆帖上点画的结构出入，使其字形映入脑中，同时心领神会，凝结而成自己要写的字。②在构思或回忆的同时，悬腕在空中画着将要写的字，这样就可以做到心中有字，然后手上有字，从而实现心授于手的运气功夫。在心旷神怡、气力强健的状态下准备写作。

(5)临帖作书：下笔作书时，"凝神静思，预想字形大小、偃仰、平直、振动，令筋脉相连，意在笔前，然后作字。"（王羲之语）将心念集中于笔端，呼吸应与动笔的急缓相配合，做到笔笔从丹田发出，而不是专门从手指用力，才算是古人所说的笔一点一画，都须全身有力；只有做到全身有力，才能有龙跃天门、虎卧凤阙的笔力，然后才能练成铁画银钩。

完成一幅作品后要赏析自评，总结成功之处，发现不足之处。完成一幅满意的作品时，书写者内心的喜悦无法形容，即使有些小的疾患烦扰身心，但看到自己不断进步和得意之笔，会生出满心的快慰甚至豪情，感受不到疾患带来的伤痛。看到作品中的不足之处时，也会生发出前进的动力，激励自己加强练习，继续努力，这些积极的情绪都是身心健康的营养素。

为了便于人们记忆，有人用四句话来概括书法养生的操作过程："洗笔调墨四体松，预想字形神思凝。神气贯注全息动，赏心悦目乐无穷。"这几句概括朗朗上口，言简意赅，练习者可结合"书法养治功"来记忆和体会。

人们在实践中还发现，练习书法对人的情绪调节效果会由于字体、书体的不同而有所差别。也就是说，不同的书体有不同的心理调节功效。正如清代周星莲所说："静坐作楷法数十字或数百字，便觉矜躁俱平。若行草，任意挥洒，至痛快淋漓之候，又觉灵心焕发。"这句话道出了楷书和行草对于调节情绪的不同功效。

根据字体和书写特点，可大致将其分为静态和动态两大类。一般来说，篆书、隶书和楷书属于静态一类，篆书讲求对称、端庄安稳；隶书结体从容，严正安稳；楷书笔法严谨、结构紧密、端庄工整。它们要求在安静的环境下全神贯注地书写，行笔相对舒缓，沉着稳重，一点一画都要一丝不苟，对于调节烦躁焦虑、紧张躁动、乖戾偏执的情绪会有一定的帮助，适合于焦虑、紧张、恐惧症、冠心病、高血压、心律失常患者的心理调节。

行书和草书则属于动态一类，行书字体如行云流水，轻松自如，连绵不断，书写起来轻松自如，对抒发灵性、培养人的灵活性和应变能力很有帮助，可以调节人的抑郁情绪，适合于忧郁症、有强烈自卑感、手足麻痹、脑血栓患者练习；草书体态放纵，笔势连绵，风驰电掣，离合聚散，大开大合，大起大落，一气呵成。一般而言，写草书易使人心旌摇荡、情绪激昂，适合精神压抑、忧郁者抒情达性之用，但不适宜焦躁者练习。

当然，以上只是一些书法家根据自己的经验所做的粗略区分，仅供参考，在实践中还是会因人而异，书写者应根据自己的具体情况，选择合适的字体进行练习。

最后，还想提醒大家，书法虽然有益身心健康，但要注意以下几点。

第一，善于学习。中国书法艺术源远流长，需要借鉴前人的成果，善于从其他文学艺术形式或多种生活场景中汲取营养，"草圣"张旭创作草书曾受到"一舞剑器动四方"的公孙大娘剑舞之启示，就是一个很好例子。此外还必须遵循"书之功夫，更在书外"这一指导思想，把练习书法与书法创作与个人的修心养性、道德情操、道德素质等文化养生内容密切联系起来，人品与书品俱高，德艺双馨，才能更好地延年益寿。

第二，持之以恒。书法养生是一项实践性、技巧性很强的养生方法，绝非一朝一夕之功，可以一蹴而就，必须勤学苦练、坚持不懈，方可达到提高鉴赏能力与书写能力的目的，到达挥笔落墨、心手一致的境界，收到康养之功。

第三，劳逸结合。俯首写字的时间不可太长，否则容易损伤颈椎，头晕眼花，特别是老年人过度劳累容易引发心脑血管疾病。

根据本人的实践和体会，在临帖、进行书画练习或创作时，使用磁性书画毛毡墙以站立姿势书写，虽然会加大手臂和手腕的控制难度，但可避免长时间低头伏案书写而引起的不适和健康问题，不妨一试。

* * *

中国现代著名学者、诗人、书法家、教育家沈尹默先生曾说："世界公认中国书法是最高的艺术，就因为它显示惊人的奇迹，无色而具有图画的灿烂，无声而具有音乐的和谐，引人欣赏，心旷神怡。"这段话高度地概括了书法艺术的魅力！我们沉醉于这"无色的图画""无声的音乐"之中，何其愉悦，何其充实，何其自豪！

主要参考文献

[1]马国权. 沈尹默论书丛稿[M]. 广州：岭南美术出版社，北京：三联书店，1981.

[2]侯吉琼. 书法中的生活美学[M]. 北京：中信出版社，2016.

[3]谭家祥. 书法与养生[J]. 蛇志，2014(3).

[4]叶穗，李潮. 修养身心话书法[J]. 健康博览，2012(10).

[5]孟云飞. 论书法的身心双修功能[J]. 艺术广角 书法论坛，2020(2).

第七章

绘画的康养功能

中国绘画亦是中华传统文化的瑰宝。书画同源，作为同样以毛笔为基本工具的艺术活动，中国绘画的产生和发展是与书法艺术紧密相连的。绘画这种高雅的艺术形式具有非常广泛而深厚的群众基础，随着人民生活水平的提高，它越来越受到普罗大众的青睐，在调剂着人们的文化生活的同时，也由内到外地增强着人们的身心健康。

书法养生主要体现在书写过程中的手脑并用，身心合一，调养心理，抒发情感，促进人的身心健康，绘画养生则在此基础上加入了与自然外物的相应和相感，通过美好的画面引起精神的愉悦，进而调养身心。

第一节　丹青康养有功效

著名工笔画家俞致贞有一次感冒入院治疗，用药几天均无效果，照样气喘咳嗽。后来他叫家人拿来笔和画夹，对着院里的花卉勾起白描。俞老面对芳草鲜花时，精神集中，用意又用力。大概由于通经理气的作用，一日后，他的病情大有好转，两天后就出院了。

不仅专业画家可通过绘画减轻病痛，即使是刚刚拿起画笔的业余爱好者也能从中获益。国内有个在线书画艺术教育机构——及象书画院，先后有十来万学员在线学习画画，其中不乏通过画画改善身心健康状况的例子。如，2020年有位学员在学员微信群里说，他学国画一年以来，心血康都不用买了。心血康是用于预防和治疗冠心病、心绞痛以及瘀血内阻之胸痹、眩晕、气短、心悸的辅助中成药。这位学员因为画画而调整了情绪，心情舒畅，所以心悸、气短等症状得到了改善，所以他感到可以少吃药。有位朋友的母亲患有小脑萎缩病症，为了帮助母亲对抗病症，这位朋友让母亲学习画画。老人就在网络上观看一些画画的教学视频，随手作画。八年以来，她的病情得到了很好的控制。这些例子都证明了绘画的康养功能，值得养生学甚至康复医学领域的专家进一步深入研究。

画国画也可以有效地调节情绪，这一点在不少人身上得到了印证。据一些老师的介绍，有不少学员通过学习、练习、创作国画，抒发心中的郁闷与焦虑，生活中遇到烦心之事不便与他人诉说时，就铺开画纸，与大自然对话，用画笔倾诉心中的种种烦忧。特别是在疫情肆虐、生活艰辛的形势之下，画画更是成为人们获得精神慰藉和心理调适的有效手段。

关于这方面，笔者也是深有体会。每当铺开画纸，提起毫管，墨色的浓淡干湿，线条的顿挫圆滞，笔法的皴擦点染……趣味无穷的笔墨之韵将我带入了喜乐、忘我之境。行笔之中，虽有败笔、拙笔；画成之后，或有欣喜，或留遗憾，但都让我乐此不疲。即使是看似枯燥的树叶勾画，也是一笔一画慢慢写来，不急不忙，安静平和，宠辱皆忘。沉浸其中，正是修炼心性的好时机。

国外也有不少绘画有助于心理健康的例子，其中最典型的例子是被称为喜剧天王的加拿大裔美籍演员金·凯瑞。由于事业的压力和婚姻生活的不幸，他患上了抑郁症，在长达十二年的时间里，他吞服了大量的抗抑郁药物，但收效甚微。最终，他用画画治愈了自己，在画画的过程中找到了和自己相处的方式。他说："我不知道画画教会了我什么事，但我知道它让我自由，不被未来束缚，不被过去束缚，从后悔中解脱，从担忧中解脱。"

同样，观画亦可发挥疗疾治病的效果。宋代婉约派词人秦观因仕途屡遭贬谪，心境忧郁苦闷，周身不舒，因患了肠胃病腹泻而卧床不起，久治不愈。好友高符仲特地带来一幅珍藏的山水名画给他看，是唐代著名诗人、画家王维作的《辋川图》。高符仲说："你经常看这幅画，病很快就会好的。"秦观半信半疑，便让家人将其挂于卧室，每日观赏。《辋川图》是王维晚年退隐西安蓝田辋川时，摹写自家田园的山林景观、亭台楼阁之美景的画作；画长 4.8 米，画中群山环抱、树林掩映、亭台楼榭、古朴端庄，云水流肆，偶有舟楫过往，呈现出超尘绝俗的意境。秦观观赏这幅山清水秀的画作时，仿佛离开了病榻，进入那迷人的画境，呼吸着清新的空气，聆听着森林中的婉转鸟鸣，幅巾杖履，下棋品茗，赋诗自娱，顿时感到心旷神怡，好不惬意，以至于忘记了自己被贬于汝南等失意之事。经过十日的"画中游"，秦观食欲增加，"数日疾良愈"，肠胃病逐渐好转。秦观很是感慨，于是特意为此画写下《摩诘辋川图跋》，赞誉其疗愈疾病和"娱性情而悦耳目"之功效。

又有记载说，隋炀帝被病魔缠身后，御医百药无效。民间名医莫君赐应召进宫治病，诊断后，送来两幅画让惰炀帝观赏。隋炀帝令人将其挂于卧室壁上。其中一幅是《京都无处不染雪》，气势磅礴，只见雪落乾坤，漫天皆白。隋炀帝看得入迷，顿时觉得心脾凉透，积热消退。另一幅是《梅熟季节满园春》，满枝熟透的梅子，隋炀帝看后顿时满口生津，垂涎欲滴，口干舌燥逐渐消失。隋炀帝每日反复观赏，犹如进入画中，忘却了病痛。就这样，半月之后，隋炀帝竟慢慢好起来了。

以上案例虽然十分神奇，其实个中的机理不难解释，即通过调养情志等复杂机理来发挥作用。根据现代医学的研究，肠胃疾病、癌症等疾病与情绪密切相关，可通过作画或欣赏相关绘画作品影响体内的免疫系统和内分泌，使之产生良性循环，从而达到缓解病痛的作用。

在今天，通过欣赏画作以疗愈心理的活动已发展为世界性的心理治疗方式。韩国汉阳大学研究生院应用美术系理学博士、韩国 CHA 医科大学美术疗愈学院院长、世界美术疗愈学会会长金善贤教授指出，欣赏画作是舒缓压力的最好方式，同时兼具疗愈功能。

据介绍，金善贤教授起初是因为兴趣而学习美术的，在美术教育过程中她渐渐地发现了美术对于儿童心理和成人压力的调节作用。一幅美术作品的完成不仅仅可以使画家自身得到满足，也可以给欣赏者带来希望与帮助，于是，她以此为目标开始进行美术治疗方面的研修和临床诊断。之后，她一直积极活跃在美术治疗临床诊断领域，在美术治疗领域有着 20 多年的临床经验，曾在韩国为日军慰安妇受害者、"天安号"事件与"世越号"事件遇难者家属、东日本大地震的难民等诸多重大创伤事件的受害者提供心理援助。金教授认为，画作对于心灵的影响力，主要可以通过两个渠道得以彰显：一为色彩，二为形象。鲜亮或暗沉的色调，决定了观画者的第一印象，构成了全幅画面的环境氛围，在第一时间得以直击心灵。如，红色可以带来昂扬的情绪，"眼睛接收到的光线，通过对视网膜的刺激使肾上腺素分泌，由此加速血液循环，提升血压和体温，刺激神经组织"，所以马蒂斯的《红色的和谐》通过红色的房间能够净化我们烦闷的情绪，而黄色对于持续压力的调节十分有效，可以使代表焦虑的"皮质醇指数"降低。而通过画中的形象，观画者可以更好地认识自己，识别自己的情绪。绘画是一种具象描述，有时甚至比直言不讳更直白更形象，易于被人们所接受。通过绘画形象对心灵的映射，可以让观画者豁然开朗，收获言语无法到达的正能量触动。

近年来，她根据自己多年的临床经验撰著出版了《画的力量》一书，这是一本视觉和触觉融合在一起的治愈之作，书中收录了 89 幅临床实践最有效果的世界名画，名画在本书中有了新的定义、新的生命力，它们不再只是挂在墙上遥不可及的收藏品，还是帮助人们走出困境的暖心之作。它让读者在愉悦的阅读过程中用心去欣赏感受这些画，因"画的力量"而引起自身的改变，提高工作能力，改善人际关系，以更轻松的心态对待金钱与时间，以图对人生中的"工作""人际关系""金钱""时间管理""自我"这五个重要方面产生有益的影响。金教授多次应邀来北京讲学，向中国民众介绍她的美术心理治疗，收到了不错的效果。我们期待中国在这方面展开深入的研究。

曾经有人统计，在中国的各行各业中，画家的人均寿命普遍都很长。在古代，人们的寿命相对较短，平均寿命一般为 50 岁，而吴道子享年 79 岁，黄公望、王时敏、文徵明则更高寿，清初著名画家"四王"中享年排名最末的王原祁也有 73 岁。到了现代，虽然一般人的寿命已经很容易就能达到 80 岁，但是书画家的人均寿命已经超过 90 岁。比如：齐白石 93 岁，黄宾虹 90 岁，刘海粟 98 岁，何香凝、陈半丁等都活到了 90 岁以上。众多事实证明，画家长寿并非巧合或者偶然事件，其中的确存在着养生之道。

有专家总结画家长寿的原因说，中国的山水文化强调的是回归"自然"，很多画家在创作的时候为了营造一个静谧的作画环境，总是会选择一个环境优雅的场所，而这些场所通常都有着非常良好的生态环境，人们长期生活在这里能够让全身心得到放松；甚至有些画家为了能够真实还原出自然的山水风光，还会隐居山林，过着世外桃源的日子。这对于整日忙于尘世间俗事的普通人来说是可望而不可即的事情。当然，除了寄情于山水，画家整天的工作与生活都是慢节奏的，因为他们每天需要花费非常多的时间来进行构思。所以，自古以来画家普遍长寿的情况也并不奇怪。

以上的观点有一定的道理，但笔者认为，还可以从更多的视角就这一话题做进一步的深入探究。

第二节 一管在手百虑消

中国书画的笔墨功夫是以数十年的功力来计算的，并不是一朝一夕就能见效的。如若不能静心宁神且持之以恒，必然达不到养生的目的。

养生的第一要旨就是"养心"，而"养心"的第一要旨就是"习静"，书画艺术可以说是"习静"的最好选择。追求静、净是中国画的传统，首先，作为行为主体的绘画者在习练和创作的过程中要让自己的心灵安静和纯净；其次，这种静、净的意境还需要在作品中体现出来。中国画追求"画贵有静气"，无论是表现自然的山水花鸟，还是表现风土民俗的人物画，都要传达出自然或生命中的静气。五代至宋元的山水画中，无论是五代荆浩的《匡庐图》、北宋范宽的《溪山行旅图》《临流独坐图》，还是元代钱选的《浮玉山居图》、黄公望的《富春山居图》等作品，无不让人感觉到静谧寂然。正如著名美学家朱良志教授所说，它们"充满了荒天邃古之境……这样的山水总非人间所有，纷扰的尘寰远去，喧嚣的声音荡尽，这是一片静寂的、神秘的天地"。特别是元代以来兴起的文人画，讲求意境和思想，"诗中有画，画中有诗"，通过作品言志，抒发情怀和自己独特的个性风格，还体现出了画家心性修养的高远寂静的境界。

创作之时，气息的运用非常关键，吴昌硕曾强调"画气不画形"，是指在作品中要表现出所表述对象的内在气质与精神。其实，创作者自身气息的调整也同样重要。"意""气""力"三者相合的深呼吸过程与古代气功养生当中对呼吸的要求不谋而合。

在进行艺术构思时，创造者必先立意，端正姿势，放松身心，找到感觉，调整好呼吸，闭目养神，凝神静气，排除杂念，把精神集中在"凝想形物"或"意守"上，把意识集中到万念皆空的艺术境界，讲究气的贯通，将全身气力注入毫管，"骨气形似，皆本于立意而归于用笔"，通过体内运气的连贯而达到运笔的连贯效果。一气贯笔既有利于书画用笔气势和气韵的形成，又有利于达到人体气运周身的效果。

"气运用笔"是中国传统书画"以意用笔"的核心，也是产生"气韵生动"艺术效果的重要手段，它使书画者的全身气力连贯地运至笔端，下笔时自然能"力透纸背"，遒劲有力，具有风骨神韵，以一笔连万笔，形成笔势，使意、气、力高度协调统一，笔下点划自然生动，直中有曲，柔中有刚，行中有驻，使书画者的天资才华自然流溢，如有神助。所以又有人提出书画气功这一概念，认为气功养生与书画的气息运笔息息相关、一脉传承。气功养生以书画艺术为载体，既能陶冶雅趣，又可延年益寿，实现书画艺术与中医养生的结合。

一位画家说，铺开画纸，提笔在手，凝神静气，心无旁骛，所思所想只有画上的青山绿水，画中的林海、竹海、山海、云海、鸟语花香等，使人的心灵在天地之间升华，有脱俗成仙之感。作画时，一颗心如同被甘露涤荡，变得清凉空灵，纤尘不染，而无世间的纷繁俗虑、名闻利养，绝虑凝神、心平气静，一心追求墨迹的完美。心静了，气静了，画也就静了，"一管在手，万念俱消"。这样的心态正是养生的最佳境界，是一种很好的精神寄托方法，在这种心境下学习和创作，假以时日，往往会神清气爽，疾病缓解。

有评论家说，欣赏一些得享高寿的书画家的作品时，总能够从中品味出一股舒缓清逸的祥和之气，行笔用墨不急不躁，自在从容。无论是山水树木还是花鸟鱼虫等作品，无不气韵生动，大气磅礴，用笔沉稳，气脉贯通，墨色灵动自然，让人感受书画家恬淡怡然的平和心境。

中国绘画艺术推崇绝虑凝神的境界是受儒、道、佛思想的影响。儒家经典《大学》的首章就指出："知止而后有定，定而后能静，静而后能安，安而后能虑，虑而后能得。"意思是说，知道了应达到的境界才能有坚定的志向，志向坚定才能够心静不乱，心静不乱才能够安稳泰然，安稳泰然才能够思虑周详，思虑周详才能够有所收获。佛、道二家更是将虚静奉为修养之道。佛教主张静坐敛心，专注一境，久而久之就能达到身心安稳、观照明净的境地。老子的《道德经》说："至虚极，守静笃，万物并作，吾以观其复。夫物芸芸，各复归其根。归根曰静，静曰复命。"《庄子》继承这一思想提出了"坐忘""心斋"等修养方法，《天道》篇中更是将虚静奉为大匠和圣人修养和处事的准则："水静则明烛须眉，平中准，大匠取法焉。……言以虚静推于天地，通于万物，此之谓天乐。"意思是说，水清静则能明澈照见须眉，水平面合于规准，可为大匠所取法……将虚静这一原则推及于天地，通达于万物，就能获得与天地自然和谐相感的精神愉悦。

儒、道、佛所追求的"静"的内涵和目标虽然各不相同，但都强调绝虑凝神的要求，这正是一种极佳的艺术创作心态。情景是山水画创作理论的三大要素之一。情景是指作品的表现对象，但山水画不仅要表现自然景观，更主要的是表现创作者心中之情景，或称心中情境。创作者的心中虚静，才能更为准确地将自然山水之静引入画面，透过表面的"山川之骨"，体悟到内在的山川之气韵；经过人文的萃取，在作品中表现出闲静安逸的意境，实现山水情怀与人文观念的融合。

唐代著名诗人和画家王维将"禅静"意蕴融入诗画当中，表现出空灵旷远、和谐静谧、平淡自然的境界，达到"诗中有画，画中有诗"的境地。并且，他还以这种"静"的禅韵影响了众多文人墨客，他们将诗、书、画作为"养气""习静"的手段，题材上多以山水景物、梅竹松石、闲花野草为表现对象，以"平和""平静"的心态表现寄托高雅之趣。这种特有的静气，往往可以将人置于辽阔的宇宙中体验超越的情致，静对沉默的远山、宁静的秋水、森幽的古木，让人思接千古，心通天地，在当下将生命融入永恒。在这种情境之中，创作者或观赏者都会受到作品的感染，自然而然地进入安静恬淡的心理状态，从而获得良性的心理调适。

　　这种山水情怀与人文观念相融合之情境的形成，也与中国画的散点透视方法有关。它不同于西方绘画的焦点透视，焦点透视是客观的、机械的、静止的，画家站在一个固定的观察点一动不动地冷眼旁观，然后在这个定点上把具体的物象描绘下来，画面中的物体呈现出近大远小的特征，但整体又与人眼对实景的感觉一致，"画如所见"一直都是西方传统绘画所追求的目标。中国传统绘画则强调"外师造化，中得心源"，意思是说，艺术创作不只是对大自然的模仿，更要重视画家主体的抒情与表现。通过散点透视把处于不同时空中的物象依照画家的主观感受和审美的需要重新布置，构造出一种画家心目中的时空境界，以笔墨趣味来传达画家的主观情绪，形成其自身所独有的审美体系。中国美术史论作家祝唯庸认为，中国山水画的这种散点透视是"更动态、更心灵的一种透视方法，是你自身也需要移动在山水之间，对其有不同角度和层次的体验"。他将观赏西方风景画比喻为从一扇窗往外看，只能透过这扇窗户从一个角度去观察外面的风景；观赏中国山水画则如同走出了一扇门，当你打开一幅中国的山水画，就如同推开一扇门，行走在山水之间。这个比喻可谓十分形象生动。对于中国山水画的这种意境，宋代郭熙在《林泉高致》中就有明确的表述，文中说："世之笃论，谓山水有可行者，有可望者，有可游者，有可居者。画凡至此，皆入妙品。"也就是说，山水画要做到可行、可望、可游、可居的"四可"之境，才能算得上是高妙之作品。

　　愚意以为，从本质上讲，这是要求创作者超越眼前物理空间的局限，游走于山水之间，融入天地自然之中，依照自己的主观意象、审美意趣和生活理想，对外在的自然景观进行取舍、综合与重组，创造出主客交融的时空境界。这种意境十分典型地体现出了中国哲学天人合一的思维方式。

愚意以为，对于初学者特别是通过绘画进行修身养性的人来说，在绘画时追求虚静更为重要。不必在技法上太过纠结，以至于不敢下笔，或认为自己画得不好而自卑、烦闷；如果这样，就失去通过绘画进行康养的初衷了。有位中国山水画家在教学时说："写意山水画最终是要表达个人的人生追求和某种品质、情绪、思想，或是追求某种境界，中国画不是被动的，而是追求比较自由的状态，在似与不似之间，所以作画的过程就是修炼心性的过程。"因此，他鼓励初学者更多地去了解笔性，大胆练习，通过一些简单的线和技法去表达画面，去组织画面。这番话对于希望通过绘画修身养性的人很有启发。

中国画的人物画不仅重视形，更重视神。东晋的顾恺之提出了"传神论"这一艺术思想，要求画人物时应当注重表现人物内在的"气势""风姿""神气""神韵"，要通过描绘人物外表之"形"把握住其内在精神气度和个性，以"形"传"神"，而不仅只是描画有形有象的"体态"，要给绘画注入人对精神的理解和追求。此后，"传神论"逐渐成为中国画创作的一个重要原则，对精神的追求越来越高，影响了展子虔、阎立本、吴道子、黄公望等大师。

到了元代，画家更是将绘画作为寄托意兴心绪的手段，"山水之胜，得之目，寓诸心，而形于笔墨之间者，无非兴而已矣"（沈周）。强调通过某些自然景物以笔墨趣味传达出画家的主观意识，将描绘自然对象如山水景物当成发挥主观情绪的手段。特别是经苏轼、赵孟頫所发扬光大的文人画，更是将这种以画传情的创作意趣发挥到极致，从而加强了绘画修身养性、宣泄、表达心中情感的积极作用。在这一审美意趣的流变过程中，不仅创作者在作画时获得了更多精神层面的自由与愉悦，而且也让观赏者在欣赏画作时，感受到作品的气势、神韵，把握、体会创作者的心境与意兴，在"养眼"的同时获得了心灵的滋润与启迪。

深谙书画艺术的权威医学专家还从传统医学的角度，探究梅、兰、竹、菊、松"五君子"的书画养生之奥妙，认为用传统国画的方法画"五君子"，相当于中医学上的五剂处方，可得到养心、安神、理气、宽中、乐以忘忧、健康长寿的疗效。书画言志、传情，对内凝神静气、托物言志，可使人的内心更为澄澈。

绘画以调养情志是从内在的方面来解读，从外在的方面看，绘画还具有舒筋活络、疏通气血、强壮骨骼的作用。

第三节　舒筋活络强体魄

绘画与书法一样，也是一种脑力和体力相结合的劳动，著名国画家潘天寿先生形容说："古人用笔，力能扛鼎。"画家为了把画绘好，多半采用站立姿势，悬肘悬腕，臂开足稳，不但灵活地使用指力和腕力，而且要用到臂力和腰力，甚至全身用力，挥毫运笔，犹如做操，这本身就是一种较全面的体内运动。所以，从事书画实践活动不仅调养情志，也能促进身体运动。创作书画也同于武术，其身姿、臂势、腕力、指法都与运笔、运墨内外合一，不仅要心与意合、意与气合、气与力合，还要身与意合、意与笔合、身与力合、笔与气合。面对一张素纸，潜心静思，思考着构图与笔墨，这就是古人常说的"意在笔先"。心中的构思就是所谓的"意"，而"意"又通过"力"作用于笔。有位画家说，如果站姿得当并且从事书画创作的时间长久，就会感受到挥毫之时有一种力量来自脚下的大地。它通过双腿，再经过腰背，然后直达双臂，最后通过手指的运用到达笔锋，这样形成的一种合力，在点染之间会产生出"力透纸背"的效果。

画家绘画时需要彻底放松，使体内气血通畅，阴阳达到平衡，呼吸也处在气功状态——腹式呼吸，逐步增大肌肉收缩力，有效扩张胸、肺，增强肋间肌活力，以逐步恢复其弹性，扩大肺活量，从而达到康养的目的。长此以往，有助于预防身体疾病，对身体健康大有好处。

书画创作往往需要半天或一天的时间，高度集中精神，体内神经系统的兴奋和抑制会得到平衡，内脏器官的功能得到调整，抵抗力增强。可见，书画创作能动静兼顾，内外合修。所以，当代著名国画家黄宾虹说，中国画是"祛病增寿的良药"。

同时，画家在采风写生和创作的过程中，往往投身于大自然的怀抱，寄情于山水之间，外出旅游写生、跋山涉水，更是他们常年必做的功课。书画家自古就喜欢流连名山大川，博采人情风俗，勤于写生，师法自然，通过长期修炼，胸藏万机，临池自生丘壑，情意随来。刘海粟先生为了画好黄山，曾经十次登上黄山作画。传世珍品《富春山居图》的作者、元代著名画家黄公望曾在他的传世画论《写山水诀》中谈到，习画之人应当将笔墨随身携带，"或于好景处，见树有怪异，便当摹写，记之""登楼望空阔处气韵，看云彩"。黄公望喜好山居，他曾在《秋山招隐图》的题跋中描写自己的山居生活："结茅离市廛，幽心幸有托。开门尽松桧，到枕皆丘壑。山色晴阴好，林光早晚各。景固四时佳，于秋更勿略。坐纶磻石竿，意岂在鱼跃""当晨岚夕照，月户雨窗，或登眺，或凭栏，不知身世在尘寰矣。"真可谓写尽山居之乐。

山水画家酷爱自然、忘情山水的传统为历代画家所继承。逍遥自适、清雅脱俗的山居生活和自由自在、充满诗意的跋山涉水的写生活动，同样也是当代画家特别是山水画家所喜好和追求的。当然，这不仅是一种强健体魄的运动，同时对于陶冶性情、开阔心胸也是极为有益的。下文就着重从这个方面来讨论。

第四节　胸含万物胆气豪

绘画艺术给创作者和观赏者都带来了美的盛宴，山水画的秀丽景色、人物画的动作表情、花鸟画的多姿多态，都会给人以丰富的美的享受。各种独特的艺术风格，好像把人带到另一个境界，使人感到心旷神怡，足以让人养眼、养神、养心。画界的朋友曾指出，画家特别是山水画家，大多处世乐观、为人豁达、心胸开阔。这其中的一个重要缘由，恐怕得益于他们壮游万里、饱览大好河山、无限风光之后的坦荡胸襟，甚至超然的态度。

愚意以为，中国山水画的创作技法对于开阔胸襟具有独特的意义。中国山水画的取景构图采取高远、深远和平远"三远法"，这是北宋著名绘画理论家郭熙在《林泉高致》中提出的观点，试述如下。

高远法："自山下而仰山巅谓之高远"，通常用于体现从山下往上看的仰视感，是故意将自己置身于低处，以表现崇山峻岭的高大雄伟、气势磅礴，沈周的《庐山高图》就是高远法的代表作品。

深远法："自山前而窥山后谓之深远"，通常用于体现从山前到山后的纵深感，如同借给观者一双千里眼，能看到万水千山，将丘陵、沟壑浓缩在画面的尺寸之间，类似于鸟瞰的角度，形成一种空间深远的意境；将幽深的山谷或远近的房屋层层展现，产生纵深的美感，元代画家王蒙的《具区林屋图》是深远法的经典作品。

平远法："自近山而望远山谓之平远"，通常用于体现地平线上横向高低展开的开阔感，画出左右辽阔的空间，表现田园溪流、平原大地、大江长河，展现出一马平川的大地，将南方山水钟灵毓秀及雅逸平和的特色表现得淋漓尽致，元代画家黄公望的《富春山居图》就是平远法的代表作品。

但是，"三远法"也可同时在同一作品中使用，如郭熙的《早春图》、王希孟的《千里江山图》就兼具高远、平远、深远三种构图，画面大气而有变化，笔墨细腻而简括，更富于表现力。笔者认为，"三远法"不仅为中国画家提供了山水画创作的技法，而且让创作者和观赏者都拥有了超乎常人的胸襟和视野，让人超越日常的视角和空间，可以飞上云端、跃上山巅，又可深入山林，还可将千里江山、一马平川尽收眼底，可谓吞吐山河，胸怀天地。这对于开阔人的眼界和胸襟，促进心理健康，提升精神境界都具有独特的作用。

以下我们介绍几幅具有心理抚慰功能的中国古代名画的代表作品，同时还借鉴美术治疗家金善贤教授《画的力量》一书中的美术治疗理论和相关资料，供大家参考。

1. 王维：《辋川图》

《辋川图》是唐代著名画家、诗人王维晚年隐居辋川时在清源寺壁上所作的单幅画，后因清源寺圮毁而此画无存，现在人们所见的版本均为后人临摹。画面以别墅为主体与中心向外展开。别墅处于群山的环抱之中，亭台楼榭，错落有致，古朴和端庄，别墅中川石起伏，树林掩映，表现出一派安静而祥和的景象。别墅之外，行云流水，一条小河在门前流过，小河中有一位船夫正撑船经过，船中有三两人，画面自然而闲适，意境淡泊，呈现出悠然超凡之境界。观赏此画不仅能带来身心上的审美愉悦，同时，更令人轻松惬意，有清新脱俗之感。（参见唐译编著，一生不可不知道的中国山水画，企业管理出版社，2013 年，第 15 页；百度百科词条《辋川图》，元代赵孟頫（传）摹王维辋川诸胜图，大英博物馆藏）

2. 黄公望：《富春山居图》

《富春山居图》是元代画家黄公望以浙江富春江为背景而创作的纸本水墨画，被誉为"画中之兰亭"，属国宝级文物。原画画在六张纸上，六张纸接裱而成一幅约 700 厘米的长卷。画面用墨淡雅，山和水的布置疏密得当，墨色浓淡干湿并用，极富变化，树丛林间，或渔人垂钓，或一人独坐茅草亭中,倚靠栏杆,看水中鸭群浮沉游戏。天长地久,仿佛时间静止,物我两忘。近景坡岸水色,峰峦冈阜,陂陀沙渚,远山隐约,徐徐展开,但觉江水茫茫,天水一色,群峰竞秀,最后则高峰突起,远岫渺茫。山间点缀村舍、茅亭,林木葱郁,疏密有致,近树沉雄,远树含烟,山石的勾、皴,用笔顿挫转折,随意宛然天成。整个画面林峦浑秀,草木华滋,充满了隐者悠游林泉、萧散淡泊的诗意,令人心旷神怡。此画备受历代名家的推崇,明代著名书画家、书画理论家董其昌在该画的题跋中不仅十分称道此画的艺术水平,而且盛赞其心理抚慰功效,文中说:"请此卷一观,如诣宝所……心脾俱畅。"这番话语,可谓十分贴切地道出了这一艺术瑰宝独特的心理疗愈功能(参见蒋勋,富春山居图卷,新星出版社,2012 年:10-20 页;王小红,黄公望与富春山居图,东方博物(第 32 辑),第 119-123 页;百度百科词条"富春山居图")。

3. 仇英:《桃源仙境图》

《桃源仙境图》描绘几位老人在青山幽谷之间抚琴论事的景致,人物的表情和动态描绘得细致入微,严谨工细;画中的高山溪流、古树石矶、亭台楼阁,细润明丽而风骨劲峭;图中云雾缭绕,高山耸立,表现出仙山琼阁的桃源仙境,给人宁静平和之安抚,令人神往。此画的设色明丽而清雅,其中黄色的云彩和蓝色的山岭十分显眼,黄色是很有温度的颜色,有助于缓解持续的压力,降低代表焦虑的"皮质醇指数";而蓝色给人一种美丽、冷静、宁静、朴素、安详与广阔的感觉,给人以清洁、素雅的美感,可以使人安静,稳定人的情绪。

4. 李可染:《万山红遍》

中国现代杰出画家、诗人李可染以毛泽东《沁园春·长沙》中的"看万山红遍,层林尽染"两句为情境,创作了《万山红遍》这一作品,这一幅《万山红遍》一反平时惯用的淡墨画法，集中突出"红色"。红色可以带来昂扬的情绪，刺激神经组织，有助于排解抑郁、烦闷的情绪。

5.文森特·凡·高:《夜间露天咖啡馆》

《夜间露天咖啡馆》画面描绘了阿尔勒一家咖啡馆的室外景色,室内温暖而明亮的黄色灯光洒在屋外鹅卵石铺成的广场上,在深蓝色的夜空中,群星闪烁,宛如朵朵灿烂的灯花。整幅画面与画家笔下的咖啡馆室内景形成了鲜明的对比,色彩明丽,气氛温馨恬适。采用黄色和蓝色两种强烈的对比色彩,代表了我们白天与夜晚两种不同的状态。白天我们要与人交往,忙于工作,按照职业的需要调整自己的表情和姿态。而晚上我们却可以卸下所有的伪装,脱下贴身的工作服,甩开皮鞋,把自己沉寂在黑暗里。你也可以像画面里的人一样,坐在暖黄的灯光下,找三五个好友,围着圆桌一起聊天喝咖啡。这幅画的中心内容就是:"累了一天了,找个清净的地方喝一杯吧!"当你看到这幅画,喊出这句话时,我想你白天的压力已经消失一半了(参见保拉·拉佩利,阿尔弗雷多·帕拉维奇尼著,戈丽霞译,凡·高,北京时代华文书局,2016 年,第100 页)。

*　*　*

画家用画笔表达自我,如同和天地万物对话,在作品完成之后,便有一番美好的艺术享受,创作欲得到满足,喜悦之情油然而生。赏画者和学画者亦可从绘画作品中得到赏心悦目的良性刺激。无论是画家,还是观赏或临摹画作的观赏者、学画者,他们都常将山川大地、林壑烟霞、鸢飞鱼跃、青山绿水、柳绿花红收于眼底,伴随着画面对感官的刺激,创作者、学画者和观赏者通过对作品的推理、联想等换位思维活动,触发情感,有益于化解负面情绪。俗话说:药补不如食补,食补不如神补。画画令人精神愉悦,可谓神补,有着抚慰人心、心理保健的效果,将人们带到一个充满美感的世界，遨游于其中，让人超然世外，心旷神怡，不亦乐乎！

主要参考文献

[1]洪再新. 中国美术史[M]. 北京：中国美术学院出版社，2000.

[2]朱良志. 中国美学十五讲[M]. 北京：北京大学出版社，2006.

[3]祝惟庸. 一看就懂的中国艺术史[M]. 桂林：广西师范大学出版社，2021.

[4]杨硕鹏，卜菲菲. 试论书画艺术的养身功能[J]. 美与时代，2015(6).

[5]姚扶有. 书画六功益康寿[J]. 长寿，2015(10).

[6]朱昌来. 书画活动有益于养生[J]. 养生保健指南，2016(16).

[7]李泽厚. 美的历程[M]. 北京：文物出版社，1981.

[8]金善贤. 画的力量[M]. 徐湘，译. 北京：北京联合出版社，2016.

第八章

饮茶的康养功能

　　饮茶是中华民族重要的文化习俗和保健方法，国人饮茶的历史源远流长，中国经典中的清静和谐精神也贯穿融会于茶道之中。茶是中国最早向世界传播的商品之一，它伴随古代丝绸之路走向世界，在世界历史上，"茶饮成为世界潜在的征服者"，被视为"中国文明强盛伟大的原因之一"（英国学者麦克法兰之语），人们赞美茶"是最合卫生最优美之人类饮料"。随着民众生活水平的提高以及对身心健康和美好生活的向往，茶对于提升人的生活品质、滋养人的心性品德发挥着越来越引人注目的作用。

第一节　饮茶延年源流远

　　茶的药用有悠久历史，根据《神农本草经》记载："神农尝百草，日遇七十二毒，得茶而解之。"（"茶"就是"茶"的古字）这说明，茶最早的功用就是药用。

　　巴蜀地区是茶的原产地，唐代陆羽在他撰著的《茶经》中说："茶者，南方之嘉木也。"中国人在两千多年前就开始栽培和利用茶树，据晋人常璩《华阳国志·巴志》中的记载，在周武王伐纣时，巴国就已经将茶和其他珍贵产品向周武王进贡，那时就有了人工栽培的茶园。据考察，位于云南勐海巴达山的野生茶王树就有 1700 年的树龄，南糯山的茶树王是有 800 多年树龄的栽培古茶树。

在今天的餐桌上，以茶代酒成为不胜酒力者的一种礼节，这一做法是有出处的。据西晋时陈寿的《三国志·吴志·韦曜传》所载，吴主孙皓好酒，还要群臣作陪，每设酒宴时有个不成文的规矩，每人以七升为限。不管是否会饮酒，每饮必要碰杯，每杯定要见底，席间往往一片狼藉，群臣醉卧于地。群臣中有个叫韦曜的人，酒量只有两升，但他博学多闻而为孙皓所器重，故对他格外照顾。早知韦曜不胜酒力，孙皓就让人在杯里暗中换上清茶，韦曜也心领神会，故意高举酒杯，"以茶代酒"干杯，这样就不至于因醉酒而失态。以茶代酒这一典故说明，当时上层社会饮茶已成风气。至两晋南北朝之后，饮茶之风逐渐普及到民间，不仅是一种文化习俗，也是重要的保健方法，西晋张载《登成都楼》就有"芳茶冠六清"之句。据史记载，从洛阳来了位 130 多岁的僧人，唐宣宗问他："服何药如此长寿？"僧答："贫僧素不知药，只是好饮香茗，至处唯茶是求。"可见，这位僧人长寿的秘诀是饮茶。

中国人以茶为饮、以茶为乐、以茶为道，饮茶的乐趣和精神追求在唐代诗人卢仝《走笔谢孟谏议寄新茶》一诗中得到了生动的体现。他在品尝友人谏议大夫孟简所赠新茶之后，挥笔写下即兴作品。诗中首先表达了对友人赠送新茶的感激，赞美新茶的精好，并指出这是无数茶农冒着生命危险，攀悬在山崖峭壁之上采摘而来的，蕴含着诗人对劳苦人民的深刻同情。诗中最精彩的部分是叙述煮茶和饮茶的感受。他因为茶味太好，所以一连喝了七碗，用极其浪漫的诗句描述说："一碗喉吻润，二碗破孤闷。三碗搜枯肠，惟有文字五千卷。四碗发轻汗，平生不平事，尽向毛孔散。五碗肌骨清，六碗通仙灵。七碗吃不得也，唯觉两腋习习清风生。"一杯清茶，让诗人润喉、除烦、泼墨挥毫，下笔千言，又能将不平之事抛到九霄云外，甚至进入两腋生风、羽化成仙的美境。不仅写出了品饮新茶给人带来的美妙意境，更体现出了品茶的心理保健、怡情养性功能。这段诗句被后世传为《七碗茶歌》，不仅为中国民众喜爱，还在日本广为传诵，并演变为"喉吻润、破孤闷、搜枯肠、发轻汗、肌骨清、通仙灵、清风生"的日本茶道，卢仝也被世人尊称为"茶仙""茶中亚圣"。

大红袍的传说更是体现出了茶的药用功能。传说有位秀才进京赶考，在经过武夷山时病倒，刚好被一方丈遇到，便将其带回庙中救治，方丈将九龙窠采下的茶树叶子泡成茶给秀才喝，秀才没几天就康复了。他进京考试，后来高中状元，于是回来报答方丈。离开时又带了茶叶进京想献给皇上，恰好皇上这时也病了，怎么治都不见好转，后来喝了状元进献的来自武夷山的茶，病就好了。于是皇上御赐红袍一件，让状元带去披在那棵茶树上，并封其为御茶，年年进贡。大红袍的茶名由此而来。还有另一个版本是，九龙窠的茶树叶子治好了皇后的病，皇帝赏赐大红袍给茶树御寒，这茶也就被称为大红袍。虽然情节不同，但这些传说都反映出了茶的健身功效。

苏轼也深得饮茶调病的妙处，他在诗作中多次提到茶能洗"瘴气"，如"更将西庵茶，劝我洗江瘴""同烹贡茗雪，一洗瘴茅秋"。苏轼在杭州任通判时，有一天因病告假而独游于山水，途中先后品饮了七碗茶，颇觉身轻体爽，病已不治而愈。于是，他便作了一首诗，名为《游诸佛舍，一日饮酽茶七盏，戏书勤师壁》，最后两句说："何须魏帝一丸药，且尽卢仝七碗茶。"诗中或许有几分夸张，但也不无道理。身体受寒或风热感冒时，暂时放下公务，流连于山水美景，放松一下心情，走出一身大汗，再喝上几杯热茶，病情会有所缓解，类似的情形也有不少人经历过吧。

陆游更是善于以茶养心。他在抚州任官期间，当地遭遇洪灾，便打开常平义仓救济灾民，却被朝廷革职处分，回到山阴老家过起了谪居生活。在苦闷的日子里，茶与棋便成了陆游最好的陪伴，他还尝试着从茶中品茗悟道，《夜汲井水煮茶》一诗中就有十分生动的描述："病起罢观书，袖手清夜永。四邻悄无语，灯火正凄冷。山童亦睡熟，汲水自煎茗。锵然辘轳声，百尺鸣古井。肺腑凛清寒，毛骨亦苏省。归来月满廊，惜踏疏梅影。"诗人在生病之时，夜不能眠，寒夜深深，万籁俱寂，他独自汲水煮茗，有了茶水的涤荡，毛骨都苏醒，以茶人之心来看世界，澄怀观象，一切都变得澄澈空灵，连映在地上的梅花倒影也清疏可爱，让人不忍践踏。

朱元璋的第十七子朱权，集道教学者、戏曲理论家、剧作家、古琴家和诗人、画家于一身，同时对于茶道亦颇有研究。他撰有《茶谱》一书，认为茶可助诗兴，益身益神；品饮茗茶，可让人忘俗离尘，栖身物外，在清静怡人的环境中与自然融为一体。"予尝举白眼而望青天，汲清泉而烹活火。自谓与天语以扩心志之大，符水火以副内炼之功。得非游心于茶灶，又将有裨于修养之道矣，其惟清哉。"将饮茶与内丹修炼相结合，体现出内外兼修的人生旨趣和高远的精神追求。

明代著名养生家高濂的养生经典《遵生八笺》中亦对饮茶的养生功能进行了总结，书中收入了唐代陈藏器的《本草拾遗》和明代顾元庄所著《茶谱》的相关总结，其文曰："人饮真茶，能止渴，消食，除痰，少睡，利水道，明目，益思，除烦，去腻，人不可一日无茶。"

第二节　保生健体多裨益

随着科学的发展，现代人更是通过一些现代技术手段以及科学研究，阐发了茶叶在养生和医学上的功效。不少研究结果显示，喝茶，尤其是喝绿茶，对身体有诸多益处，包括预防心血管疾病、脑卒中、糖尿病，改善血脂代谢等。

北京大学公共卫生学院李立明教授等在中国慢性病前瞻性研究中，对 50 多万成年人的数据进行分析后发现，一般人每天喝绿茶可预防

2 型糖尿病；已有糖尿病的人经常喝绿茶，全因病死率可明显降低。另外，有糖尿病的人每天喝绿茶，还能减少微血管并发症的发生。该研究成果发表在 2021 年《美国临床营养学杂志》。顾东风院士团队 2020 年1 月在《欧洲预防心脏病学杂志》发表的研究成果显示，经常喝茶能够减少心脑血管事件及全因死亡发生风险。[①]

不少临床结果也证实了饮茶的保健功能，香港大学研究人员发现，喝茶可使血总胆固醇水平下降 25 个百分点。还有一项喝茶与高血压发病关系的调查发现，不喝茶的人高血压的发病率为 10.55%，常喝茶的人只有 6.95%。日本研究者从 1994 年起，对 4 万多名 40 岁至 79 岁的中老年人进行跟踪调查，结果发现，与一天喝茶不到一杯的人相比，每天喝五杯以上绿茶的男性因脑血管病死亡的平均风险下降了 22%，女性下降了 31%；其中脑梗死的下降最明显，男性下降 42%，女性下降 62%。英国《每日邮报》报道，一项研究发现，每天喝三杯茶可降低患心肌梗死风险 70%。哈佛大学研究人员的研究指出，连续 2 周每天喝五杯茶的人的体内会产生大量抗病毒干扰素，其含量是不喝茶者的 10 倍。这种可以抵抗感染的蛋白能提高人体免疫功能，并有效帮助人体抵御流感。

喝茶为什么能降低患慢性疾病和死亡的风险呢？研究者认为，喝茶有益于健康的机制可能与其中富含的成分有关。茶叶中的有效营养成分多种多样，如茶多酚、茶氨酸、维生素、咖啡碱等，还含有不少对人体有益的微量元素。有专家根据近年的研究总结了茶叶的十大保健功能，具体如下。

第一，防癌抗癌。近年来的研究表明，茶叶中的桑色素和儿茶多酚类物质具有较强的防癌抗癌作用，产茶地区的居民的胃癌病死率极低。

---

① 参见《中国 50 万人研究结果：常喝绿茶可防糖尿病！绿茶的好处还有很多！》，人民资讯，2021年 5 月 17 日。

据第二次世界大战后的调查显示，在日本广岛原子弹爆炸后的幸存者中，大多是具有长期饮茶习惯的人。因此，人们称茶叶为"原子弹时代的饮料"。茶叶中含有的多酚类物质、脂多糖和维生素 C 的综合作用，能吸收、中和一种放射性物质——锶 90，所以常喝茶能防癌抗癌。

第二，降低胆固醇。茶叶中丰富的维生素 C 和可提取物，可以降低胆固醇，抑制动脉血管壁平滑肌的增生和血小板的凝集，溶解纤维蛋白原，克服血液的高凝状态，避免血栓的形成，从而有效地防止血管硬化，减少心血管病的发生。

第三，降脂减肥。早在唐代的《本草拾遗》中就记载了茶叶的降脂减肥作用："茶久食令人瘦，去人脂。"茶叶中含有的多种矿物质、茶碱和茶多酚类化合物，能防止脂肪过氧化，具有较强的消化、分解和消除脂肪的作用。所以，长期饮茶可使体内剩余的脂肪被不停地消化、不停地分解、不停地新陈代谢。

第四，辅助医治糖尿病。患糖尿病的主要原因是体内胰岛素的分泌量减少，以致血液中的糖分由肾脏以尿的方式排出体外。经常喝茶特别是喝绿茶则可以及时补充体内维生素 B_1、泛酸、磷酸、水杨酸甲酯和多酚类的含量，加快新陈代谢，在增加胰岛素的分泌量等方面提供有效作用，防治糖尿病的发生与发展。

第五，降火解毒。明代李时珍在《本草纲目》中说："茶能降火，又兼解酒食之毒，使人神思清爽，不昏不睡，此茶之功也。"茶叶中的单宁和维生素 C 可帮助肝脏解毒、排毒。因此，饮酒、吸烟者常饮茶可抑制乙醇、尼古丁等有害物质对人体的毒害。

第六，保护视力。茶叶中的维生素 B_2、胡萝卜素能增强视网膜的感光性，它含有的多酚类物质、脂多糖和维生素 A、维生素 C 等能消除电视机、电脑运作时发出的微量放射线对视力的影响。

第七，防治便秘。茶叶中的单宁可促进人的胃肠蠕动，刺激胃液的分泌，故可增进食欲，帮助消化，通气排便，防治便秘。

第八，防龋健齿。茶水中的氟元素和有关杀菌物质，可起到清洁口腔、防治牙病的作用。所以，喝茶时常用茶水含漱有消除口臭、预防龋齿、防治牙周炎、抑制牙龈出血等漱疗效果。专家认为，常用茶水漱口，其防治牙病的效果远比一般的漱口液要好。

第九，护肤增白。多种维生素具有抑制色素源变成黑色素沉着的功能。茶叶中的茶多酚具有很强的抗氧化性和生理活性，是人体自由基的清除剂。德国科学家对一名志愿者进行为期 1 个月的除皱疗法试验，证明 LED 灯与绿茶萃取物结合治疗后，除皱效果约提高了 10 倍。该研究认为，绿茶萃取物富含抗氧化物，能抵消单用 LED 灯强光照射产生的活性氧的不良反应，使治疗事半功倍。日本奥田拓勇的试验则证实，茶多酚的抗衰老效果要比维生素 E 强 18 倍。常喝绿茶有抗辐射、美白、保持肌肤细嫩等效果。同时，茶叶中的单宁也具有预防黑色素沉淀的作用，即能吸收黑色素，并使之随尿排出体外。因此，常喝茶可促使皮肤变得细腻、白皙、润泽和有弹性。

第十，解乏提神。茶叶中的咖啡因、茶碱、可可等物质，可刺激中枢神经，加快新陈代谢，使人感到兴奋、愉悦，集中精力和注意力，从而快速消除疲劳，振奋精神。专家研究认为，茶叶中的咖啡因、可可等均在安全系数之内，一旦兴奋消失，不会留有后遗症。[①]

第三节　茶性有别宜斟选

饮茶虽有一定的药用功效，但不同茶叶的功效有所不同，要根据自

[①] 参见张远桃：《茶叶的十大保健功能》，《东方药膳》，2013 年第 1 期；参见刘秋彬：《论铁观音茶的养生保健功能》，《福建农业》，2014 年第 5 期。

己的身体状况选择。因此，有必要对不同茶叶的功效有所了解。

中国茶叶专家赵忠义先生指出，中国茶叶按制作原理可分为六大类，即绿茶、红茶、黄茶、白茶、青茶、黑茶，其有效成分和保健作用各有差异。

绿茶

绿茶是人们最常饮用的茶，属于不发酵茶，特点是汤清叶绿，代表品种有西湖龙井、洞庭碧螺春、黄山毛峰等。现代科学研究证实，绿茶中的咖啡碱能促使人体中枢神经兴奋，有助于醒脑提神；儿茶素类物质能缓解 UV-B 所引发的皮肤癌，对辐射病、心脑血管病、癌症等现代疾病有一定的药理功效。埃及研究者用绿茶加抗生素试验了 28 种病菌，结果发现，绿茶可使抗生素的药力大增，最高杀菌效率可提高 3 倍以上，并且还有降低各种病菌耐药性的作用。绿茶具有提神清心、清热解暑、消食化痰、去腻减肥、清心除烦、解毒醒酒、生津止渴、降火明目、止痢除湿等药理作用，但绿茶性寒凉，老年人或胃虚寒者不宜饮用；它还富含咖啡碱，晚上饮用可能因为提神而影响睡眠。

红茶

红茶属于全发酵的茶，代表品种有安徽的祁红、云南的滇红，印度和斯里兰卡的红茶也是享誉世界的名品。红茶在发酵的过程中，多酚类物质的化学反应使鲜叶中的化学成分变化较大，会产生茶黄素、茶红素等成分，其香气比鲜叶明显增加，形成了红茶特有的色、香、味。红茶富含胡萝卜素、维生素 A、钙、磷、镁、钾等多种营养元素，还具有提神益思、消除疲劳、消除水肿、止泻、抗菌、增强免疫力等功效。英国伦敦大学学者的研究发现，紧张的人可以喝一些红茶，因为它能降低人体压力激素皮质醇的含量。红茶品性温和，味道醇厚，经常加糖或加牛奶饮用，不仅能够暖胃，还能消炎、保护胃黏膜，比较适合老年人或胃虚寒者饮用。

黄茶

黄茶是我国特产，属于轻发酵茶类，特点是"黄叶黄汤"。黄茶在干燥过程的前后增加了一道"闷黄"的工艺，促使其多酚叶绿素等物质部分氧化，在沤制的过程中会产生大量的消化酶，对脾胃有好处，有助于缓解消化不良、食欲不振等症状。黄茶鲜叶中的天然物质被保留在85%以上，富含茶多酚、氨基酸、可溶糖、维生素等丰富营养物质，而这些物质对防癌、抗癌、杀菌、消炎均有特殊效果，对防治食道癌也有明显功效。

白茶

白茶产量较少，口味较一般的绿茶要重，主要产在福建的福鼎、政和、松溪、建阳等地，是一种轻微发酵茶，选用白毫特多的芽叶，以不经过揉炒的精细方法加工而成。白茶的鲜叶要求"三白"，即嫩芽及两片嫩叶均有白毫显露成茶满披茸毛，色白如银，故名白茶。白茶因茶树品种、采摘的标准不同，分为芽茶（如白毫银针）和叶茶（如贡眉）。采用单芽为厚料加工而成的为芽茶，称之为银针；采用完整的一芽二叶加工而成的为叶芽，称之为白牡丹。白茶具有美容养颜、抗氧化等作用，而且可以缓解焦虑情绪。研究证明，白茶对调节免疫功能和降血糖有不错的功效。

青茶

青茶属于半发酵的茶，其代表品种有武夷岩茶（大红袍）、铁观音、冻顶乌龙茶等。以铁观音为例，根据孙威江教授等人的研究，铁观音中共发现有 30 余种矿物质元素，其中以钾的含量最高，还含有茶多糖（TPS）、茶多酚，有助于降血脂、减肥和增强人体免疫力。铁观音中的茶黄素具有抗氧化、预防心脑血管疾病、预防龋齿、防癌抗癌、抗菌抗病毒等生物活性；经常喝铁观音还可以补充人体中的维生素 B_1、泛酸、磷酸、水杨酸甲酯和多酚类，有助于预防糖尿病的发生。

黑茶

黑茶属于后发酵的茶，最著名的就是云南的普洱茶了，其次是湖南的黑茶。黑茶中茶多酚类物质的总量较高，具有很好的降脂减肥效果。据报道，巴黎亨利伦多医院的贝纳尔·贾可托教授给 20 位血液脂肪过多的病人一天喝 3 碗云南普洱茶，一个月后发现病人血液中的脂肪几乎减少了四分之一。日本的《健康》杂志则介绍道，普洱茶可抑制体重增加，减少血液中的胆固醇及甘油三酯。湖南黑茶中的茯砖茶独有一种特殊物质——金花。茯砖茶在一定的温度和湿度条件下，就会"发花"，形成金黄色的孢子囊，俗称"金花"，呈金黄色，色泽鲜艳。据测定，这种金黄色的"花"，是一种著名的益生菌"冠突散囊菌"，冠突散囊菌丝体富含人体所必需的氨基酸。茯砖茶能抑制脂肪在消化系统中的降解和吸收，有利于减肥，而且长期饮用伏砖茶，对人体的血脂、血糖、血压都具有良好的控制作用，有助于增强体质，延缓衰老。[1]

中国人还创造性地将茶与某些中药相配，使茶饮在医疗保健中的作用得以大大增强，但这需要听从医生的指导并根据自身的情况饮用。

当然，在防病治病方面，饮茶只能起到辅助作用，只有长期饮用才能发挥其效果。如果真的生病了，还是要到医院请医生治疗的。

另外，喝茶还有一些禁忌，一些专业人士的相关提示概括如下：

---

[1] 参见谭书：《不同茶叶的不同保健功效》，《食疗食养》，2015 年第 5 期。

其一，忌空腹喝茶或餐前喝茶。这些时候喝茶会稀释胃液，降低消化功能，还会引起"茶醉"，表现为心慌、头晕、头痛、乏力、站立不稳等。

其二，忌喝烫茶。太烫的茶水对人的咽喉、食管和胃刺激较强，如长期喝烫茶可能引起这些器官的病变，最好待茶水温度冷却至60℃再慢慢饮用。

其三，忌喝冷茶。冷茶对身体有滞寒、聚痰的不良反应，体寒的女性更是不宜饮用，喝不完的茶亦不可放冰箱或隔夜后再喝。

其四，忌浓茶。浓茶含有较多咖啡因和茶碱，刺激较强，易引起头痛、失眠，或心跳过快，对患有心动过速、早搏和房颤的冠心病患者不利。妇女在经期、孕期、产期、哺乳期内更不宜喝浓茶。

其五，忌冲泡次数过多。据有关试验测定，一般茶叶在冲泡3~4次后就基本上没有什么茶汁了，而茶中的微量有害元素往往是在最后泡出，故多次冲泡会使茶叶中的某些有害成分被浸出。所以，除了如普洱茶等个别茶种，最多冲泡4次。

其六，忌餐后马上喝茶。如此会冲淡胃液，影响食物的消化，同时茶中的单宁酸能使食物中的物质凝固，给胃增加负担，并影响蛋白质的吸收。最好是在餐后1小时喝茶，这样可促进消化，消除油腻。

其七，忌用茶水服药。茶叶中含有大量鞣质，可分解成鞣酸，与许多药物结合而产生沉淀，阻碍吸收，影响药效。

第四节　清和宁静爽精神

饮茶不仅能健身，更能养心。茶是中国人修身养性的重要组成部分，人们往往借品茶调心修德，将修身养性、内圣外王的道德追求融入茶艺、茶事。

茶界泰斗张天福老先生说:"饮茶可以让人的心灵更加清明虚静;居所更加清幽高雅;结交朋友更加恬淡绝尘,不污时俗。茶尚俭,勤俭朴素;茶贵清,清正廉明;茶导和,和衷共济;茶致静,宁静致远。俭、清、和、静,是中国茶文化之精髓。"

茶是无言的陪伴,喝茶能帮助我们调节情绪,帮助我们重新站起来面对一切。如何通过喝茶来调节情绪呢?相关专家提出了一些建议:

(1)调节愤怒情绪或神情困倦时宜喝清新淡雅的绿茶。

愤怒是一种激烈的情绪,愤怒上头时很容易失去理智。控制愤怒的方法并不是强压,而是慢慢化解。这个时候,一杯清新淡雅的绿茶可让心静下来,自得心安。美国营养学专家萨曼莎·卡塞蒂博士认为,儿茶素是一种能改善愤怒情绪的物质。未经发酵的绿茶中含有大量的儿茶素,因此,喝绿茶能够平复情绪,消减愤怒。

(2)调节悲伤情绪时宜喝甘醇的乌龙茶。

悲伤往往来自离别、失去或失败。过度的悲伤如果不能及时平复,会对人体造成很大的伤害,如降低免疫功能,导致心理上的疾病演变为生理上的疾病。难过的时候,泡上一杯高香甘醇的乌龙茶细细品味,人生就像这杯茶,苦乐交织,先苦后甜,要经历过苦涩才能品味出浓浓的醇香。如能约上三两好友畅饮畅聊,悲伤也就慢慢随风飘散了。

(3)调节郁闷情绪时宜喝芬芳的茉莉花茶。

心理学家在实践中发现,郁闷的人看起来不是特别悲伤,却对什么也提不起兴趣,如果不能及时从这种情绪中走出来,很容易进一步发展为抑郁,悲观厌世,严重时甚至可能导致轻生等行为。茉莉花的芳香成分有理气解郁的作用,可以辅助治疗抑郁、焦虑等心理疾病。有一项研究显示,每天喝三四杯绿茶的人患抑郁症的概率比不喝茶的人士低百分之五十,这是因为,茶中一种让人感觉良好的成分有助于安神。由绿茶与茉莉花配制而成的茉莉花茶是一剂赶走郁闷情绪的良药。

（4）调节恐惧情绪时宜喝鲜爽甘甜的白茶。

恐惧是人类在面对危险的情景，企图摆脱而又无能为力的一种担惊受怕的感觉。心理学家的研究表明，恐惧是对身心健康危害最大的负面情绪，恐惧常常伴随着生理功能紊乱的表现，严重时甚至危及生命。茶氨酸被科学家称为天然的镇静药，而所有的茶类中，白茶的茶氨酸含量是最高的，其次是绿茶。所以，在略微有些紧张和害怕的时候，喝一杯白茶，能够帮助人们冷静下来。

（5）调节焦虑情绪时宜喝鲜浓温暖的红茶。

现代的生活节奏快得让人喘不过气来，焦虑、烦躁成了现代人普遍的负面情绪。在英国，喝午后红茶是历史悠久的习惯，每到下午三四点钟，时间为一杯茶而停止。英国伦敦大学的科学家在一项研究中发现，喝茶可以帮助降低人体内的压力激素，使人放松。如果在红茶中加入适量的牛奶和糖，可以补充人体必需的能量，能够安抚情绪，减轻焦虑。

以上建议可供读者参考，但作者在这里还要提醒大家，在情绪极度糟糕，甚至可能已经患上心理疾病的时候，还是需要及时就医。

在茶文化的故乡中国，有越来越多的人士通过茶文化进行心理调节。中国医学救援协会心理救援分会会长、湖南省茶文化研究会会长肖涛教授就一直将茶文化与心理治疗紧密结合，积极推进茶文化在临床心理干预中的应用。湖南省肿瘤医院临床心灵关怀学科的带头人刘晓红教授更是开展临床上用茶文化干预的系列实践，对患者实施干预和心灵关怀。他们曾尝试运用多种方法化解患者的情绪，减轻患者的压力，最终发现，"到达率较高的是茶文化干预的方法"。他们把茶道的哲理和茶艺之美融入与患者的互动沟通中，不仅让患者的压力和负面情绪得到释放，而且还在每个病房建立"心灵茶馆"，帮助医务人员调整心态，放松身心，顺利地完成角色转换。"焚一支香，听一首曲，守一束花，品一杯茶，用一杯茶的拿起与放下，感受心灵的平静。"实施茶文化干预的实践让不同的人群在不同的心理状态下得到心理抚慰、释放和缓解，这一尝试还更进一步拓展了茶文化的康养功能，值得学习和推广。

第五节　茶道文化致和静

中国人并未仅仅从调节生理或心理健康的层面来饮茶，而且通过沏茶、赏茶、品茶来修炼心性和提升精神境界，历代茶人对此都有深刻的认识。如，唐代出身于鲜卑族的大臣刘贞亮就曾撰著《饮茶十德》，文中除了提出"以茶散闷气""以茶养生气""以茶养身体"等身心调节功能，还倡导"以茶利礼仁""以茶可雅志""以茶可行道"等，较全面地指明了饮茶对于身心健康和道德修养的积极功能。

而经过历代茶人发展而来中国的"茶道"，更是通过沏茶、赏茶、品茶等一套生活礼仪来修练国人的身心，立体地展现出茶文化的修身养性功能。中国茶道追求人格上的完善，心灵上的超越，这种人与茶和谐静处的境界，与中医情志养生、道家形神合一等观念有着共同的联系。它通过茶审美，使茶成为具有清灵之气、富含文化寄托的"观照"之物，从而独具文化特色。茶道是以修行得道为主旨的茶事文化活动，包括茶礼、礼法、环境、修行四大要素，是"茶"与"道"的融合与升华。茶道精神是茶文化的核心，是茶文化的灵魂，是指导茶文化活动的最高原则，但它又是看不见、摸不着的精神、道理、规律或实质。因此，茶道以茶艺为载体，依存于茶艺。茶艺，是指制茶、烹茶、品茶等艺茶之术；是茶道的基本条件和必要条件，在制茶、烹茶、品茶等具体的艺茶之术过程中，人们可以通过心灵去领会茶道的精神、道理、规律。

中国茶道讲究五境之美，对茶叶、茶水、火候、茶具、环境都有特定要求，以吻合烹煮香茗的条件，呼应宁静清雅的旨趣，求得"味"和"心"的最高享受。

在仪式上，中国茶道大体包括净手、烫杯温壶、放茶、洗茶、冲泡、封壶、分杯、回壶、分壶、奉茶、闻香、品茗等程序，推崇茶壶三点头、茶倒七分满、双手奉茶、三指取杯、闻香识茶、轻啜慢饮等用茶规则。中国茶道无论仪式简繁、时间长短，都强调茶道环境的静谧优雅，茶道仪式的举止优美、语言轻柔、仪态娴静，于方方面面契合茶的"静雅"气质。通过茶道达到"和""静"的境界，是精神养生的重要途径。

饮茶能静心、静神，有陶冶情操、去除杂念、修身养性之功效，这与提倡"清静、恬淡"的东方哲学思想很合拍，也符合儒释道的"内省修行"思想。

在最高层面，茶道的"静"是指茶道精神内在的"静"，这是一种抽象的境界。无论是道家的炼形导引以求羽化，还是佛家的坐禅修行以定发慧，都与借茶养生密不可分。这不仅是提神伏睡魔，更通过茶道的一动一静，通过器物和仪式调节饮者的心态平衡、缓解饮者的精神压力，以达到精神上的"古朴、恬静、宽容、美好"境界，促进饮者的身心健康。

静，是中国茶道修习的必由之路。茶艺的真谛，不仅要求外表之清，更需要心境清寂宁静，心静如水，没有杂念。用心去体会与感受天地自然，用心与自然对话和交流，达到物我两忘的境界；超脱了世俗，与宇宙自然的元气融为一体，达到天人合一和天乐的境界。心存一个"静"字，就能安下心来，心平气和，减省身体的能量消耗，也有助于沉着应对人生的磨难。

茶道品的是茶，体悟的是心，是一种形而上的思想意境，体现了宁静、恬淡、清寂的精神状态，这是儒释道诸家都追求的境界。《老子》强调"致虚极，守静笃""静胜躁，寒胜热，清静为天下正"，将虚静作为修炼心性和体悟大道的必由之路。佛教亦追求"净""定"的修养意境，认为身心清净才能产生定力，"定能生慧"。佛教理念的"禅静"与茶道的"静"，相互融合，相得益彰，"禅茶一味"成为佛门中人的生活旨趣：茶道成为佛道共同的一种静思和修养的方式。儒家亦将"静"作为重要的修养方法，《大学》中说："知止而后有定，定而后能静，静而后能安，安而后能虑，虑而后能得。"可见，儒释道诸家都将"静"作为修养之道的基本元素和重要路径，要求人们不被外界的喧嚣和各种躁动情绪牵制，保持心态的宁静，恪守为人处世的基本原则和既定的人生目标。

中国茶道继承了儒释道"守静"这一修养原则，强调在喧嚣紧张的世俗生活之余，放松身心，品味茶道之"静"，建构"静"的人生意境，可谓是值得现代人选择的修身养性之法。

茹凤莲等茶文化专家认为，茶道中还突出地体现"和"这一中国文化的特质。茶事活动是人与自然的结合，中国茶道的"和"，意味着天和、地和、人和。在这一活动中，人们需要有良好的品茶环境，达到人与自然之和、茶与人与环境相和，这就是天和、地和，而人和则体现在个人独自品茶时的身心之和，与朋友共饮交流时的彼此相和。可见，茶道之"和"，能够引导人们身心相和，以和做事，相互和处，共建和谐社会。

有人说，普通民众难以体味玄妙的茶道。但是，以茶敬客、以茶敦亲、以茶睦邻，以茶悦心，通过喝茶来静心、静神和陶冶情操、去除杂念、修身养性却是不难做到的。

* * *

透过洁净的茶具，看那或碧绿、或棕红、或黑沉的茶叶自由地浮沉，观那白色雾气袅袅升腾、飘动；微闭双眼，感受茶叶的淡淡清香，轻啜一口，让略带苦涩的茶汤缓缓流过唇舌，浓郁的回甘又引出满口甘甜的唾液，只觉烦恼顿消，心情舒畅……工作之余，按照茶叶的特性和身体情况泡出一杯好茶来，细细品味，岂不美哉，快哉！

主要参考文献

[1]李萍. 中国文化传统与茶道四境说[J]. 北京科技大学学报, 2015(10).

[2]茹凤莲, 张露. 中国茶道"和"的精神研究[J]. 北方文学, 2016(1).

[3]陈又华. 中国茶道学[M]. 南昌：江西教育出版社, 2010.

[4]单玉华. 于"静"中勾连茶道精神与人生修养[J]. 唐都学刊, 2018(5).

[5]吴宁. 中国茶道和中医精神养生漫谈[J]. 环球中医药, 2017(6).

[6]谭书. 不同茶叶的不同保健功能[J]. 科学养生, 2015(5).

[7]宋沛珊. 探索中国味的心理关怀：茶文化里的医护疗愈[EB/OL]. (2020-10-04)
    [2021-12-12]. https://www.sohu.com/a/422544007_274923.

[8]朱颖. 从茶道之"静"界到艺术创作[J]. 天津美术学院学报, 2006(3).

[9]盛敏, 刘仲华. 棋茶一味可通禅——从陆游的棋诗、茶诗看中国古代文人的生存方式
    与审美趣味[J]. 湘潭大学学报, 2017(5).

第九章

太极拳的康养功能

太极拳是集技击、强体、健身、益智、修性为一体的独特的运动方式，它的招式刚柔并济，如行云流水，让人赏心悦目。2020 年 12 月，太极拳被列入人类非物质文化遗产代表作名录，标志着这一中国传统养生瑰宝正式成为全人类共享的文化财富。

扫一扫，看视频

太极拳这一中华传统养生瑰宝已经受到越来越多人们的喜爱，不仅在全国遍地开花，而且随着中华文化的海外传播而加快了走向世界的步伐。据不完全统计，太极拳目前已经在 150 多个国家和地区传播。作为中国著名太极功夫团队的"武当道教功夫团"及其成员曾先后应邀在 80 多个国家表演和教学，在上海世博会期间相继表演两百多场，深受欢迎。

"太极"一词源出《周易·系辞上》，曰："易有太极，是生两仪，两仪生四象，四象生八卦。"意思是说，太极是天地未分的统一体，是最原始的混沌之气，由太极运动而分化出天地（阴阳），由阴阳而产生四时变化，进而出现各种自然现象。可见，古人将太极视为宇宙万物的本原。太极拳的名称出自清朝乾隆年间山西武术家王宗岳所著的《太极拳论》。从外表来看，它有点像做体操，但完全不是外在的形体动作，而是蕴含了非常丰富的内涵。太极拳的一招一式都蕴含和体现出中国传统哲学的韵味，它运用了中国古代的太极阴阳学说、天人和谐、对立统一等观念以及中医经络学说，并结合古代导引吐纳之术，又吸取了明代各家拳法之长，特别是戚继光的三十二势长拳而编成的。后来经过各路名师发展，自成流派，除了武当拳之外，流传较广或特点显著的有陈氏、杨氏、吴氏、孙氏、武氏五种。和其他武术拳种一样，太极拳在习练过程中追寻和谐，上下、身步、手眼、内外处处和谐，但是更重视内在的养气、修心、培养道德，讲究意念引导，心静体松，重视心志调理和精神修养，从而达到内在的养生保健目的，所以被称为"内家拳"。将哲学理念、生理健康、心理健康融为一体，在绵缓不断的练拳过程中传承着先贤的哲学智慧和中华文化基因，培养恬淡平和、虚静安祥、包容友善的美德，促进身、心、灵的协调和合，人与人的和谐共处。

第一节 形神兼修气贯通

在外行看来，打太极拳和做体操都同样是活动肢体的体育锻炼，但常听到行家们说，打太极拳不能像做体操。这又是为什么呢？

太极拳吸收了传统医学的经络、气血、导引等理论，特别强调经络气血的贯通。正如王宗岳《太极拳论》中所说："气者，生之体；经者，气之路。经不通，气不行，以气运行，一气贯通。"太极拳要求"尾闾中正""圆裆松胯"，在行拳过程中，肢体和全身的运动导引经络内气的贯通，调节身体的阴阳平衡，可使身体中正安舒。太极拳运动沉稳灵活，有助于提高人体的运动能力，舒展圆活的放松姿势也可使肌肉运动更富有节奏，有效地帮助气血运行，使能量物质顺畅地运送到组织器官。

练习太极拳要求用"意"不用力，思想集中，身心放松，特别强调意念与动作的协调配合，要求身体的上下相随，即手动、腰动、足动的时候，眼神应当随之而动，"有一不动，即散乱矣"；要求内外合一、完整一气、前后连贯绵绵不断；还要求意念、动作、呼吸三者密切结合，练意、练体、练气。在意识的支配下，意念不动，外形寂然不动；意念一动，引导内气、催动肢体，随之一节一节贯穿而动，全身各部位都参与运动。而且，这是在极松静、极轻灵的情况下所达到的，追求筋骨、肌肉、关节保持空松圆活、松静自然的运动状态，有利于阴阳、虚实、进退的自如转化。

同时，太极拳的套路讲究动作呈弧形，灵活转换，圆活不滞，以腰椎为轴，以腰脊带动四肢，上下相随，使周身组成一个整体。在四肢腰腿协调配合的运动中，起到锻炼和灵活关节的作用，从而让习拳者身体的柔韧素质得到很好的锻炼。

太极拳这种综合性的全面练习可以促进人的整体健康，接下来，就具体阐述太极拳如何改善人的多方面机能。

第二节　改善机能抗衰老

太极拳被称为"终身不尽之艺"，即现代所说的"终身体育"，是适合各个年龄段特别是益于老年人的养生活动。

尽管人们对于太极拳师的寿命长短有各种看法，但总的来说，太极拳师中的寿星不少。据专家研究，太极拳在改善人体机能、调动自我修复潜能、调养疾病等方面的效果较为显著。

第一，对神经系统有显著的保健作用。

神经系统是调节与支配所有系统和器官活动的枢纽。人类依靠神经系统的活动适应外界环境并改造外界环境，使身体内各个系统与器官的机能活动按照需要统一起来。由于大脑功能复杂，能量需求较多，一般的运动难以有效地保证脑部血液供应；而太极拳在起式之时，就要求体舒心静，排除杂念，用意不用力，将调形、调息、调意相结合，这就有助于打开脑部的微循环通路，使气血运行畅通，保证了大脑的血液供应。

在行拳过程中，动作柔和，节奏舒缓，在意念的引导下，通过神经系统的调节功能协调全身各个系统、器官、组织完成各种动作，能对大脑起到良好的训练作用，使大脑皮层运动区域处于高度兴奋的状态，而大脑皮层的其他区域则相应地处于抑制状态，改变了大脑皮层的兴奋区域，从而使大脑皮层的其他区域得到充分的调节和休息，高级神经中枢的功能得以修复。随着锻炼的不断深入，熟练程度的提高，神经系统受自我意念的控制能力得到了改善，习拳者的筋骨和肌肉收放、转换能力增强，神经系统的均衡性、灵活性以及传递信息的速度和准确性都得到了提高，进一步加强和提高了中枢神经系统的机能和健康水平。

此外，太极拳属于中小强度的体育活动，让人周身舒适，精神焕发，心情愉快，消除疲劳，能促进全身血液循环，加快大脑的新陈代谢，使大脑处于新的工作状态，有助于记忆，提高学习效率，使大脑聪健。

第二，可增强肺部呼吸系统动能。

太极拳运动是在安静的意念引导下进行细缓深长的节律性呼吸锻炼，采用气往下沉，即"气沉丹田"的腹式呼吸，通过横膈肌的升降，使呼吸细、匀、深、长，加深胸廓的开合。保持"腹实胸宽"的状态，能将胸部运动的紧张状态转移到腹部，使胸部宽舒、松静而又充实。在有节奏的太极拳运动过程中，要求呼吸与动作自然配合，所有动作的开合、静动、蹲起、快慢都要和呼吸的节奏与规律紧密结合，这种有节律的呼吸运动，特别是横膈运动，有利于调节呼吸系统的功能。随着腹肌膈肌的不断活动，肋间肌等呼吸肌纤维变粗，肌肉强壮有力，肺廓活动度好，肋软骨骨化率低。在腹肌膈肌运动的同时，腹压也会产生相应的变化，使血流加速，呼吸肌功能得到增强，从而使肺更好地进行气体交换，增强肺泡的换气功能，改善肺呼吸机能。

老年人的呼吸肌会随着年龄的增长而日趋萎缩，肋骨钙化，肺纤维组织增加，弹性降低，肺泡萎缩，胸廓活动减少，导致呼吸机能下降。太极拳运动则有助于改善这一状况，如能经常练习，对提高肺的活动能力，促进氧气与二氧化碳的交换都有很好的作用。长期坚持练拳的人，呼吸频率降低，肺脏的通气与换气功能增强。[①]

钟南山院士曾在他的一篇论文中指出，太极拳优于其他慢阻肺治疗方法。冬天时慢阻肺患者常常发生感冒、肺感染，需要住院，他让这些病人打太极拳，坚持锻炼 3 个月后再观察病情。结果发现，生活质量量表、6 分钟的步行距离、呼吸困难以及肌张力等多项指标对比，太极拳都优于现在普通的治疗方法。他的结论就是太极拳有助于慢阻肺病的康复，是传统肺康复锻炼合适的替代方法，甚至可以获得更好的远期效应。

还有研究者曾经对练拳老年人进行检测，练拳组男女的平均肺活量为 2942 mL，最大通气量为 79.04 L/min，分别比没练拳组多 157 mL 和 14.78 L/min。练拳组中有 11 人曾患肺结核病，经太极拳锻炼后有 9 人痊愈，其余 2 人明显好转。患有慢性支气管炎合并肺气肿的 13 人中，有 10 人的症状得到明显改善。[②]

呼吸有节律，特别是横膈运动，也增强了各脏器的功能。比如，可加强血液及淋巴的循环，减少体内淤血现象；骨骼肌的周期性的收缩与舒张，可以加强静脉的血液循环，加速静脉的回流，于是，这又减轻了心脏的负担。

第三，可增强心脏功能，调节新陈代谢。

---

① 参见刘瑞修：《浅析太极拳对老年人身心健康的影响》，《体育研究与教育》，2012 年第 6 期。

② 参见朱永兴：《太极拳运动的健身养生作用分析》，《河南农业》，2017 年第 4 期。

练习太极拳对增强心脏功能，调节新陈代谢，防治心血管疾病，延缓心功能减退及调整血压都有积极的作用。例如，太极拳的"如封似闭"一式，活动指腕和肘、肩的关节，锻炼腰身的伸缩力，特别是两手翻掌的动作，结合一呼一吸的短促呼吸，大大加强了腹腔的"鼓荡"，有良好的锻炼内脏器官的功效。

心脏功能是随着年龄的增加而逐渐减弱的，老年人随年龄的增长，心肌收缩力减弱，心排血量减少，血管弹性下降，管腔狭窄，动脉血压上升，心脏负担加重。因此，从负担过重或运动所引起的心血管系统的改变来看，中、老年人比青壮年更为明显，而且恢复至正常安静时的状态所需的时间也较长。太极拳的动作轻灵，连贯圆活，柔缓均匀，上下相随，通过练拳者在运动中全身肌肉有节奏地收缩与放松，毛细血管的反射性扩张，能使周身气血通畅，减轻了心脏负担。因此，在练拳之后，老年人在这方面的情况大为改观。相关专家在对长期练拳者进行测查后发现，在运动后 3 分钟内脉搏和血压恢复到安静状态水平者，练拳组中为 92%，而对照组中只有 22.4%。又如，在练拳组中，50～80 岁的人平均血压为 128.5/78.2 mmHg，明显低于对照组。此外，练拳组中没有一个患糖尿病的，肥胖的人也很少。即使是原来患有心血管疾病的人，在经过长年练拳之后，90% 病例在停药或减量服药的情况下，病情都明显好转了。这些资料说明，长期练拳可以改善新陈代谢，使血压、血糖、血脂得到很好的调节，防止或延缓高血压、高血脂、动脉粥样化、糖尿病、肥胖症等老年常病的发生。[1]

还有研究表明，打太极拳有助于人体对脂类、蛋白类以及无机盐中钙、磷的代谢。例如，老年人锻炼 5～30 分钟后，血内的胆固醇含量会下降，其中以胆固醇高的老年人尤为明显。也有人对动脉硬化的老年人锻

---

[1]　参见朱永兴：《太极拳运动的健身养生作用分析》，《河南农业》，2017 年第 4 期。

炼前后的代谢情况进行研究，发现经过五到六个月的锻炼，血中清蛋白的含量增加，球蛋白及胆固醇的含量却明显减少，而且动脉硬化的症状也大大减轻，还能够加强血液及淋巴的循环，促进消化，预防便秘。其作用机制可能是通过心理—神经—内分泌系统作用于免疫系统，增强机体对外来细菌、病毒等有害物质的抵抗力。①

杨氏太极拳一代宗师杨振铎的弟子、山西运城市科普作家协会会长闫爱武在纪念老师的文章中说，虽然历经战乱和艰难困苦，杨大师却以95岁的高龄无疾而终。杨大师在2019年9月接受人民网记者采访时说，有不少年轻时就跟他习拳的人，至今已是七旬老人。他说："在我这里，太极拳帮助有病的、身体差的人恢复健康的例子，简直不胜枚举。我的学生当中，有很多跟我习拳好几十年的，开始跟我练拳时才二三十岁，现在年龄少说也都在六七十岁，几十年过去了，他们身体都很好，所以说太极拳能让人保持青春，使人更年轻，对身体各方面都非常有好处。"盐湖区杨氏太极拳协会创始人杨云龙曾是杨大师的学生，因为身体不好而学习杨氏太极拳。如今，他虽然年近80高龄，仍身体健康，和杨大师一样，几十年义务教拳，让很多病人通过练习杨氏太极拳走上了健康之路。

第三节　运气调神修心性

太极拳不仅仅表现为一种外在的拳术，从躯体层面促进健康，更是一种促进心性修炼的活动。现代著名武术家顾留馨在《太极拳术》中指出，练太极拳的最重要的原则是"心静用意"，要求"气沉丹田，以虚灵之心养刚中之气"，练太极拳时，要用心使气缓缓流行于骨肉内外之间。

---

① 参见赵美芹；位汶军：《论太极拳运动与中医理论的内外养生保健功能》,大家》,2012年第3期。

俗话说"意到气到"，意之所至，气即至焉。如意欲左右更迭运行，则气随左右手足更迭运行；如意欲转圈，则气就转圈。气功强调意念锻炼，调心存神凝神，恬淡虚静，排除杂念，从心斋到坐忘；太极拳是以意识引导动作，以心行气，用意不用力，神为主帅，身为驱使，全身在意不在气，意动身随。两者均强调心意的统率主导作用，都有严格的姿势动作要求，特别是太极拳的动作变化较多，意识集中、精神贯注是完成动作的保证。

在行拳过程中，强调中气贯于肾中，收于丹田，动作轻盈柔和，缓慢圆活，注重调身、调气、调意，一动而全身动，内外合一，用意练拳，虚静求心，以心行气，行家称之为"运动中的冥想"。从起式开始到收式结束，要求慢慢领起，缓缓运行，默默停止；形似潺潺流水，又似和风丽日，柔顺和缓，轻沉兼备。每一势均要慢，每一个动作也要慢；开展时要慢，沉合时也要慢；一起一落要慢，一屈一伸要慢。在慢的状态下，才能体会上下是否相随，内外是否合一；慢能求神气不断，慢能周身一家。慢练时，意念由内而外地慢慢向周身各部集散，使外形动作渐渐与心意相合，则内劲缓缓地向意之所向目标流注，使气血周流全身，疏通经络。

太极拳运动注重心静、体松，以人的思想、精神心理状态为修炼基础，心理状态与太极拳养气合神相统一起来，以意指导动作，要求意到身随，内外相合，身心皆修，使人进入无忧无虑、无我无他的怡闲境地，是一种自己能随意控制强度的中低度有氧健身活动。其对于调节个体的情绪状态，提高心理健康水平均能产生有益的影响；有助于使个体从烦恼的痛苦中摆脱出来，减少焦虑、抑郁、紧张等消极心理的发生，让人情绪开朗，乐观向上。

太极拳重视陶冶情操，修炼心性，健全人格，具有一种内涵丰富、博大精深的太极精神，再配上典雅优美的音乐，可使身心得到极大的享受，真正进入天人合一的状态，从中得到乐趣，振奋精神，保持良好的情绪状态。

同时，太极拳多为集体练习，它让不同职业、年龄、性别、文化素养的人相聚在运动场上，互相讨论拳术，进行平等、友好、和谐的交往，既有效地进行了情感和信息交流，相互之间产生一种默契和交融，又增进了彼此间的理解与信任。这就有利于疏导工作或生活中的心理压抑或感情危机，促进心理健康，改变人的消极个性。

第四节　把握要领细揣摩

太极拳是内外兼修的活动，其动作特点为轻松柔和、圆活自然、绵绵不绝、心静体松、意领身随、刚柔相济，需要认真把握其动作要领，细心揣摩内在的感觉。

太极拳动作姿势的基本要领：虚灵顶劲（也称为"虚领顶劲"，即练习时，要求头向上顶，如同有只无形的手抓住头发将你往上提，保持脊椎和头顶正直，但颈部肌肉不要僵直，头部动作应与身体位置和方向的转换协调一致，同时腹内松净，精神贯顶）；含胸拔背（胸内含，使气沉于丹田，胸肌突出）；松腰敛臀（腰是一身之主宰，先松腰，然后两足有力，下盘稳固，虚实变化皆由腰转动）；虚实分明（此乃太极拳的要义之一。如全身坐在右腿，则右腿为实，左腿为虚；全身坐在左腿，则左腿为实，右腿为虚。能分虚实，而后转动轻灵，毫不费力，否则会身立不稳，易为人牵动）；沉肩坠肘（沉肩即肩松下垂；坠肘即肘往下松坠）；尾闾中正（尾闾是五节骶骨和四节尾骨的总称，即要求臀部不偏斜，使骶尾骨始终处于中正的位置）；动中求静（以静御动，虽动犹静。练"架子"愈慢愈好，慢则呼吸深长，气沉丹田，无血脉偾张之弊）。

如果动作姿势不正确，势必影响力量的协调发挥，造成肌肉紧张和关节的负荷过重，如屈膝下蹲动作的深度过大，就会造成膝部劳损。很多初学者容易上下、左右脱节，如做转体动作时，上体转而下肢不转，使膝关节的扭曲力过大，造成膝关节运动损伤；或者动作不连贯，造成不应有的停顿，使腿部肌肉持续紧张，产生疼痛。

在练习太极拳的过程中，膝关节不稳定是造成损伤的又一重要原因，而膝关节的稳定主要依靠股四头肌和髌骨来维持。因此，平日应加强股四头肌的力量和髌韧带的牵张力训练，训练方法可采用太极站桩、直腿抬高等。

武当洞阳宗弟子、陈氏太极泰斗陈照奎的第二代传人胡少虬博士还强调说，立身中正是练好太极拳的根本要求。他指出，如果不能立身中正，练拳者就会出现身体倾斜，出于维护平衡、确保安全的自然本能，会下意识地绷紧肌肉来调节身体平衡，于是产生紧张心理，无法做到自然放松，导致血管受压迫、经脉难舒展，气血运行不畅，养生效果不佳。练拳者做到了立身中正，才会有阴阳平衡、重心稳定；而身体平衡稳定、没有失重摔倒的隐患，才能在潜意识层面消除心理上的焦虑和危机，才可能聚焦于做好招式动作的圆弧缠丝、圆滑过渡，才能最终实现自然放松。如此，身体潜在自然本能、潜意识与人的主观意识相互融合、相互促进、良性循环，才能练出高水平的太极拳。

为了保证太极拳更好地发挥强身健体的作用，太极拳专家汪洋先生曾提出以下建议：

一是掌握循序渐进的原则。初学者尤其是青年学生必须全身放松，每个动作都能做到均匀、协调、柔和，各种手法均要求走弧形路线，前臂做相应旋转，不可直来直往，生硬转折，并注意与身法、步法协调配合。

二是认真体会太极拳的基本技法。在练习太极拳的过程中，必须认真仔细体会虚灵顶劲、气沉丹田、含胸拔背、尾闾中正等动作要领。

三是以腹式呼吸为主。用腹式呼吸来加深气息的深长,要舌抵上颚,用鼻呼吸,与动作自然配合,力求自然、匀细、徐徐吞吐。

四是掌握太极拳运动如抽丝,迈步如猫行的特点。太极拳运动要像抽丝那样既缓又匀、又稳又静,迈步又要像猫那样轻起轻落,提步、落步都要有轻灵的感觉。

五是练拳时重心不要太低。因为太极拳的技术特点是膝关节在屈曲状态下交替转换重心,膝关节在这一过程中始终处于弯曲状态,长时间承受着来自身体的重力和部分身体的内力,膝关节易产生疲劳,引发运动损伤,从而产生膝关节疼痛。初学者特别是老年人不要片面追求高难度动作,应先练习高架位太极拳,待身体素质提高并较熟练地掌握了技术要领之后再适当降低重心。

六是练拳前做好必要的准备。衣服要宽松,避免饱食和饥饿时练拳。练拳时要根据自己的身体状况量力而行,练后稍出微汗,自我感觉轻松舒适就好。

七是练拳时做到心情舒畅,排除心理干扰和其他杂念。

这些建议来自太极拳练习的实践经验总结,值得学习参考。

＊　＊　＊

太极拳理论认为,人身为"小太极",自然为"大太极",追求"道法自然""动静作势、纯任自然""全身处处毫无牵掣"。当你来到户外、旷野、树林、草地上,无拘无束地自然呼吸,开阔心胸,将自己融入天地自然,展开拳脚,练上一套太极拳,行拳走势,身心合一,暖意融融、神清气爽。此时此刻,你便会忘却烦恼,热爱自然、热爱人生之情油然而生。

扫一扫,看视频

主要参考文献

［1］张修睦，冯井春. 太极拳原理与练功精要：太极拳原理与练功精要［M］. 北京：北京
　　体育大学出版社，2005.

［2］傅浩. 太极拳行知录理论与技法［M］. 北京：作家出版社，2002.

［3］戚建海. 太极拳与道家内丹术揭秘［M］. 台北：台湾逸文武术文化有限公司，2011.

［4］杨巍. 太极拳健身价值的机理探析［J］. 哈尔滨体育学院学报，2006（4）.

［5］周彤，高廷波. 太极拳的健身功效及锻炼方法的研究［J］. 搏击（武术科学），2010
　　（11）.

［6］刘瑞修. 浅析太极拳对老年人身心健康的影响［J］. 体育研究与教育（研究生论文专
　　刊），2012（6）.

第(十)章

游憩的康养功能

从休闲哲学的视域来看,游憩这一概念的内涵较为丰富,学者们尚未做出公认的定义。综合相关学者的观点,笔者认为,游憩一方面指离开居所一定范围,并能带给行为实施者生理和心理愉悦且有助于缓解身心疲劳的休闲活动(旅游是其中的一种);另一方面指包括自由自在、从容不迫地"散游""神游""冥游"这类天人合一、心灵放飞和精神超越等多种形式的健身养心之"游"。以下分别阐述这些不同形式之游的康养功能。

第一节 旅游强身拓境界

养生旅游是游憩康养的第一种形式,这是一种精神生活和有利于身心健康的休闲生活方式,这种"身""心"结合并获得身心补偿的异地休闲活动,能给旅游者带来身心自由的愉悦体验,其强身健体功能得到古今中外人士的推崇。宋代著名诗人陆游酷爱旅游,"看尽吴山看蜀山",使自己的身体处于不断的运动之中,五脏、六腑、肌肤、血液等功能在游览山川的过程中得到了锻炼和保健,这是他成为古代寿星之一的一个重要因素。西方学者甚至将一些优美山水风光谓之为"自然的医疗性风光"(medicinal landscape of nature)。

户外旅游能让人们全方位地运动起来，是手、脚、脑并用的全身心的康体养生活动。在高质量的生态环境和理想的养生场所进行适量运动来养精固元，呼吸大自然的清新空气，增加运动量，消耗平日过剩的营养，可以大大改进睡眠质量，增加食欲，减肥瘦身，使身体进入良性循环，消除亚健康状态，延年益寿。旅游不仅可以强身健体，还可以通过优质生态环境的要素针对各种疾病进行康复治疗。在养生旅游的基础资源中，利用自然物，如空气资源、水体资源、生物资源等生态环境进行康体保健是养生旅游者最为看重的，每一项专项旅游产品都有其独特的医疗康复功能，以下试举几例：

温泉疗法：温泉可以使得人体的毛细血管扩张，促进血液循环，水的机械浮力和静水压力作用还可以起到按摩、收敛、消肿、止痛的功效，因而温泉疗法对皮肤病、肌肉关节病、消化系统病、循环系统病等有较好的疗效。

海滨疗法：海滨的海洋气候有温差小、太阳辐射强的特点，进行日光锻炼尤为合适。海滨疗法简称海疗学，目前已经成为世界上一门专门的学问。海滨疗法的适应病症是血液病、糖尿病、神经病、精神病、呼吸病、皮肤病等。

森林疗法：森林浴养生是颇受青睐的大众养生旅游产品，森林的环境幽静，还因树木的光合作用使周围的大气富含氧气，空气洁净、含负氧离子高。由于树叶覆盖，水分蒸发，森林会比较潮湿，对某些精神系统疾病有较好的疗效。

森林疗法还有另一康养功能。有医学家认为，人体血液细胞中的NK细胞[即自然杀伤细胞（natural killer cell，NK）]对抗肿瘤、抗病毒感染和免疫调节起着非常重要的作用。如何提高人体内NK细胞的含量呢？日本的一项研究表明，经常去森林公园散步或跑步的人，体内的NK细胞含量及活性会比普通人提升50%左右；中国台湾的实验结果也证明，林业从业人员的 NK 细胞含量高于普通人 50% 左右，他们更少出现生病和肿瘤的情况。这正是因为森林中树木散发的芬多精在发挥作用。芬多精能够抗菌、杀菌、净化空气、降低污染，洁净的空气由呼吸系统进入体内，可让人感觉呼吸顺畅，精神旺盛，舒缓人的紧张情绪，使得抑制 NK 细胞功能的压力降低，NK 细胞数和抗癌蛋白质数增加，其活性度也得到提升。这些研究者认为，在植被丰富的地方待上 2 小时左右，NK 细胞的含量及活性就会显著提高，一次会维持 7 天左右。这些研究进一步为森林疗法的康养功能提供了新的依据。①

高山疗法：据测，海拔 1500 米以上的高山具有日平均气温低、太阳辐射强、大气中尘埃和污染物少的特点，因此较合适糖尿病、哮喘病、结核、百日咳等患者疗养。

旅游具有突出的修身养性之功，大自然能使人缓解心理紧张，养志涤情，情志舒畅，心旷神怡，是一种积极的休闲活动。中国古代著名文学理论家刘勰说："登山则情满于山，观海则意溢于海。"法国作家莫罗阿亦认为，解脱忧郁、悲哀的最佳途径莫过于旅游，在与大自然的"苍茫伟大和我们个人的狭隘渺小对照之下，把我们的心灵创伤抚慰平复"。的确，当人们经历挫败或伤害，尤其是遭遇重大人生变故，心灵遭受打击，情绪极为波动时，若安排一次外出旅游，将有助于平复创伤、驱散抑郁的阴影。

五光十色的旅游可让人们远离日常生活的嘈杂与空气的污染，身处奇峰峻岭、流泉飞瀑、葱郁的森林或白云飘拂、牛羊成群的广阔草原中，忘掉各种不愉快的事，尽情地宣泄胸中的积郁，使人的心情趋于平静，产生无限的美感，开阔胸怀，怡悦身心（内容丰富、范围广泛的名胜古

---

① 参见南海龙，王小平等：《日本森林疗法及启示》，《世界林业研究》2013 年第 6 期；李影：《森林康养是大健康产业最好的发展方向》，《中国林业产业》，2017 年第 1 期。

迹、革命圣地等人文旅游亦具有陶冶情操、提升精神境界的功能,这方面值得专文论述)。

在此,我与读者朋友分享一次经历。2003年的秋天,我与几位同仁在武夷山下的农村进行社会调查。一天夜晚,我们结束采访从村民家中出来的那一刻,大家都被眼前璀璨的星空震撼了。一个纯净无瑕、星光闪烁、美不胜收的苍穹向我们毫无保留地开放,展示着它那震撼人心的美!那天恰逢立秋,是北半球一年中星空最美的时候。只见满天的繁星,明的,暗的,大的,小的,一闪一闪地绽放出各自的光芒,又好似向我们调皮地眨着眼睛。原来,我们头上的星空竟是如此之辉煌!在这从未见过的壮美苍穹之下,我的心中涌起几乎想要跪下的冲动,脑海中又浮现出著名哲学家康德"位我上者,灿烂星空;道德律令,在我心中"的名言。在浩瀚的星空之下,人类是何其渺小。那些锱铢必较的争夺又是何其无聊!我们在星空下伫立良久,不愿散去。我忽然又感悟到,身居闹市,人们虽然看不到洁净明亮的天空,它被灯光、尘埃、雾霾和高楼遮蔽、分割,但是繁密的星星一直各居其所,高悬于上空,而且这美丽的景象或许是几年、上百年甚至上千、上万年之前早已放出的辉光;同样,人间灯红酒绿的奢华生活和贪婪、怨恨、争斗、嗔恚等情绪污垢虽然污染、遮蔽了人们的心灵,但是,原本纯净的心灵本就存在,它等待人们拭去尘垢,保护涵养,重现灵光。这个难得一见的璀璨浩瀚星空不仅让我们的心灵受到震撼,更让灵魂得到清洁和升华!

中国人历来崇拜山水、敬畏山水、亲近山水,更是把山水当作灵魂的栖息地,山和水对于中国人的意义绝不仅仅在物质层面。自古以来,山水之乐就常常令中国历代人士心驰神往。行走于山间小道上,他们欣赏着"山川自相映发,使人应接不暇"(王献之)之美景;徜徉于风雨中,他们观赏"细雨鱼儿出,微风燕子斜"(杜甫)之情趣;沐浴在晨曦下,他们领略"清晨入古寺,初日照高林"(常建)之清爽;"崇山峻岭,茂林修竹，清流激湍"更是让一众名士"快然自足"。

山水之乐可以荡涤心头之郁闷，抒发胸中之豪情，仕途坎坷，屡遭贬斥，生活中受到的创伤都会在山水之间愈合。试看李白的《望庐山瀑布》："西登香炉峰，南见瀑布水……而我乐名山，对之心益闲。无论漱琼液，还得洗尘颜。"诗人为香炉峰、瀑布水的雄壮气势和纯净之姿所陶醉，因而得以洗尽尘颜，进入物我相忘、"江月照还空"的无己境界；白居易贬为江州司马后，亦常借大自然的秀色来遣怀寄兴，以庐山之美景娱情致乐，"若远行客过故乡，恋恋不能去"，竟盖屋居其间，日日"仰观山，俯听泉"，从而达到"外适内和"、体宁心恬之境界；王维在奸相李林甫专权的情况下，对黑暗政治感到厌倦和失望，退隐居于终南山，过着半官半隐的生活，"兴来每独往，胜事空自知。行到水穷处，坐看云起时"。兴致来了就独自信步漫游，走到水的尽头，水不见了就坐看行云变幻，云朵涌起时还会化为雨水滋润大地。这就启示人们，身处绝境时不要失望，因为那正是希望的开始，由此，郁闷的心灵从自然山水中获得慰藉。

被流放到黄州的苏轼则吟诵出"唯江上之清风，与山间之明月……是造物者之无尽藏也，而吾与子之所共适"。流连于纯净无瑕的自然山水中，人们领略到了江海的宽阔、山岳的崇高、白云的飘逸、碧空的纯净……"乱石穿空，惊涛拍岸，卷起千堆雪"的场景让人心胸宽阔豪放；"天与云与山与水，上下一白"的画面让人心灵开阔纯净，"山光悦鸟性，潭影空人心"的咏叹可穿越时空，抚慰和叩击今人的心灵。处于这种闲适虚静的心态之下，最能够摆脱世俗的各种束缚，获得平和自适的心境。

陶渊明、王维、李白、孟浩然、柳宗元等一大批山水田园诗人以及他们的作品都是在这方面得益甚多的典型。佛学大师慧远则是从庐山的奇秀景色中获得了更为高远的感悟。他在《庐山诸道人游石门诗序》

一文中阐发自己与朋友游庐山的体悟说："乃悟幽人之玄览，达恒物之大情，其为神趣，岂山水而已哉！"作者不仅从自然美景中获得了感官层面的山水之乐，而且透过有形的山水感悟到了万物永恒的实情，体悟到了天地宇宙奥秘之"神趣"。

被誉为"一代文星兼寿星"的清代诗人袁枚，得享 82 岁的高龄。70岁时他还老当益壮，从南京出发，足迹踏遍黄山、庐山、罗浮山、桂林、南岳、洞庭等名山大川，他在《老行》一诗中豪迈地吟道："老行万里全凭胆，吟向千峰屡掉头。总觉名山似名士，不蒙一见不甘休。"道出了他对山水的酷爱，这是他长寿的原因之一。流连于水墨画般的山水之间，心也悠然如白云，陶醉在自然的美景中忘记了自己，身心舒爽畅快，养心又健身。

现代著名诗人冯至先生曾论述大自然对性情陶冶的作用时说："多和大自然与造型艺术接触，无形中能使人恬静旷达，维持精神与心理的健康。在众生万物面前不自居为'万物之灵'，方能祛除我们的狂妄，打破纸醉金迷的俗梦，养成淡泊洒脱的胸怀，同时扩大我们的同情心。"在游览山川的同时，高山、流水、瀑布、松涛、花香、鸟语都给人以美的享受，追求人与自然和谐融洽的山水之乐，这和谐的乐章使人摆脱了闹市之扰，安静而不枯寂。生机勃勃、变幻莫测的自然景象使人情趣倍增，乐以忘忧。闲对山水，正是一种富有积极意义的休闲活动，它帮助人们达到精神的纯净、身心的和谐，更好地激发个体潜力，为个人的生命和事业充电加油。

第二节　"散游"忘我启心智

旅游是一种有目的地、有计划的安排，但对于有工作、有家庭、有学业的普通民众来说，旅游毕竟不能成为日常的活动，故有其自身的局限性。在这里，笔者想着重探讨一种更具有普遍意义的"游"，姑且称之为"散游"。它可以是一种漫无目的地的信步而行，也可以是虽有既定目的但另辟蹊径的一条新路；可以是郊外的田野或河边，也可以是附近的公园或小巷。在这种不经意的散游中，常有可能得到启示或发现，让人振奋和安慰。

著名作家汪曾祺先生在人生困顿时，就曾有过这样的收获。他在《生机》一文中谈到，1946 年他途经香港为等船期而滞留了几天，住在一家华侨下等公寓。他当时前途渺茫，经济困顿，举目无亲，整天无所事事，无聊瞎逛，忽然发现在一个大阳台堆着的煤块里竟然长出了一些芋头叶子。没有土壤更没有肥料，仅靠了一点雨水，居然长出了几片碧绿肥厚的大叶子。汪先生写道："在寂寞的羁旅之中看到这几片绿叶，我心里真是说不出的喜欢。这几片绿叶使我欣慰，并且，并不夸张地说，使我获得一点生活的勇气！"处于人生低谷，在百无聊赖的慵懒信步中，蓦然发现，有一个生命在顽强而努力地生存。一个意外的景色，让处于困境中的人获得精神鼓励和启迪，这大概是"散游"的无用之"用"吧！

"散游"的运动量或表面形式与人们常说的散步相类似，但更注重精神层面的散心，而且更适合以个体独自的方式进行。另外，它内含散步所具有的健身功能，但更侧重于心理层面的放松与精神层面的放飞，因此具有更丰富的康养内涵，大致包括以下几个方面。

1. 回归自然

人从大自然中来，与大自然有着割舍不断的天然联系，而对于世俗的功利或感官享乐的无度追求，对社会角色的过度认同，往往使人疏离自然，失去本真之性，矫情曲性，产生各种身心障碍。徜徉于自然大地的怀抱之中，犹如儿童回归母亲的怀抱，"散游"就是自觉地让自己回归大地母土。我们不妨暂时放下社会面具，从世俗的设名定形的限制中超越出来，从过度社会化的束缚中解脱出来，从冀利望誉、争名逐智的漩涡中升华出来，将自己置于自然率真、悠然自得的状态，让自己的本真之性得到舒展，无所牵挂，忘却一切俗务。"散游"不受时间、路线和目标的限制，全凭兴致所至，尽兴而返。在信步而游的过程中任由思绪驰骋想象，正如让人拥有了一个自由想象的广阔空间，悠游于这一心理场域之中，心灵自可得到陶冶和净化，这对于人格的发展是非常重要的。

2.忘身排忧

流连于山水之间，让人从日常生活的空间超脱出来，登高远望，极目江海，蓦然间拓宽了自己的视野和胸怀，暂时忘却自身，放下或淡化小我，从而排忧解郁。

这种心理调节方式十分有效。心理学家在医疗实践中发现，对于自我的过分关注往往是忧虑、苦恼的重要来源之一。这正如《老子》所说："吾所以有大患者，为吾有身。及吾无身，吾有何患？"这就是说，人之所以常有忧戚，在很大程度上往往是由于过分关注自我，私欲太重，患得患失，如能淡化自我，将会扫却不少烦恼和忧虑。当我们遭受挫折或处于逆境之时，如能暂时告别尘世的喧嚣，让自己融入大自然的怀抱中，会深深地感到自我的渺小，会被赏心悦目的自然风光所吸引，"相望试登高，心随雁飞灭"，体会到庄子"号物之数万，而人居其一"的开阔胸怀，通过人类在自然界中的位置来认识个人的私利，从而高瞻远瞩，超然物外，摆脱世俗物欲和名利的羁绊。

人们更可超越大地上的环境和景色，将目光投向更为辽阔的天空，看朵朵白云变幻，看浩瀚苍穹繁星闪耀，看皎洁月亮清辉焕发，让心在宇宙中尽情遨游，自由驰骋，在天地之间作奇思妙想，"漫随天外云卷云舒"，我们的思绪可穿越眼前的种种限制和困境，"独与天地精神往来"，从浩渺无垠的宇宙中获取诸多启示，更感悟到人类与个我的渺小。如此，那些困扰我们的愁情、焦虑和烦恼是否可以有所释怀呢？

"散游"的精彩之处在于，个体以独特的眼光来发现美景，注重自己的主观感受，体验自己的发现，这对于人的心理健康和培养创造性思维具有独特的功效。比如，当漫步于山水之间，常会生发出一种对大自然的感动、感激之情，山水养人，草木含情，相感相应，会更好地舒缓心情，也更加爱护生态环境。

清代有位自称游遍神州、唯"蜀中黔中与滇南"未到的沈复，就十分强调游山水贵在发挥主观想象，而不必人云亦云。他在《浪游记快》一文中说："余凡事喜独出己见，不屑随人是非，即论诗品画，莫不存人珍我弃，人弃我取之意；故名胜所在，贵乎心得，有名胜而不觉其佳者，有非名胜而自以为妙者。"这就启示人们，不妨充分地发挥自己的想象力和创造性，而不需亦步亦趋地被导游牵着、拉着，局限在别人的思维定势之中，其精神和文化的价值远远超过传统的旅游方式。

3. 启智悟道

人类不仅需以各种自然生态作为养生怡情的必要环境，而且更能从静谧的自然山水中沉思深省，从而开启智慧。自然界有许多宝贵的教训，可以充实我们的心灵感受；在广阔的天地自然中，让思绪自由驰骋，人们可以获得启示和灵感，这种师法自然的方式受到现代心理学家的推崇。例如，美国著名心理学家马斯洛曾在《超越性动机论——价值生命的生物基础》一文中说："不仅人是自然的一部分，自然是人的一部分……人把自然领悟为真、善、美——有朝一日会被理解为一种人的自我认识或自我体验，理解为个体自身存在和充分发挥潜能的一种方式，理解为安适自如的一种方式。"这段话精辟地揭示出从自然中获得精神充实和心灵宁静的致思途径的现代价值。

这是以一种真正休闲的存在状态，以超越功利的审美态度流连于山水之间，它常常可能触发人们的灵感。根据心理学家的研究，灵感是一种不受逻辑规则约束而在潜意识领域内发生的直接领悟到事物本质的直觉，是不同于有目的、有计划的观察、实验和逻辑推导的另一种特殊认识活动，它具有悟性、突发性和意识的非可控性等特点，常在不经意之时获得意想不到的思想成果。正如美国著名的休闲社会学家约翰·凯利和皮普尔所指出的："这种休闲中或许存在一种悖论：越是不重结果，越可能产生重要的结果。当我沉醉于行动本身而不是努力满足生产期望时，我们可能最有创造力——对自我、共同体，甚至物质产品的创造。"这种休闲将有助于人们获得"使自己沉浸在'整个创造过程中'的机会和能力"，故而对人的成长具有重要意义。

需注意的是，我们应从积极的方面向大自然学习，对于自然景观的感悟多作积极的诠释。例如，看到夕阳西下，消极的诠释是日薄西山，奄奄一息；而积极的诠释是夕阳正红，美不胜收。看到秋天的黄叶萧萧落下，消极的诠释是，我老了就被大树无情地抛弃，我的生命到了尽头；而积极的诠释是，我受到大树的滋养，现在要化为养料和能量回报母体，或我已圆满完成既定职责，可以自由地飞舞，回归故土。显然，这些不同向度的诠释会给人带来不同的遐想，引发截然不同的情绪，进而对身心健康产生不同的影响。根据理性情绪疗法这一现代心理治疗理论，人的合理的信念和认知将导致自助性的积极行为，否则将使人们陷入情绪障碍之中。因此，应当以理性来治疗非理性，以合理的思维方式代替不合理的思维方式，从而减少不合理的信念或认知给情绪带来的不良影响，改变不合理的认知以减少或消除已有的情绪障碍。这就告诉人们，对于外界的所见所闻，要尽量选择有利于身心健康的理性态度和主观诠释，从积极的角度思考问题。

苏轼的《赤壁赋》中正好展现出了正反两个方面的例子。苏轼与客泛舟游于赤壁之下，"白露横江，水光接天。纵一苇之所如，凌万顷之茫然"。此情此景，同游之人生发出了人生短暂和个体有限的感叹："寄蜉蝣于天地，渺沧海之一粟。哀吾生之须臾，羡长江之无穷。"生发出满腹的惆怅；而苏轼从自然中获得有益的启示，并以之开导同游者。苏轼体会到，自然万物虽然"盈虚消长"，但人要善于从积极的视角看待这种变化："自其变者而观之，则天地曾不能以一瞬；自其不变者而观之，则物与我皆无尽也，而又何羡乎？且夫天地之间，物各有主。苟非吾之所有，虽一毫而莫取。"但是，那"江上之清风与山间之明月"却是"取之无禁、用之不竭"的无尽宝藏，足以让我们赏心悦目，何不尽情徘徊其间以自得其乐呢？这些从自然山水中所悟得的人生哲理何其深刻！它也启示同游者改变了悲观心态，"客喜而笑，洗盏更酌"，尽兴而归。正是这些从大自然中感悟到的哲学思辨和生命智慧，让苏轼的这篇《赤壁赋》启迪和感动着千千万万的后人，温暖中华，千古流芳。

"散游"给人带来启迪，本人也有一个小小的感悟。我在高中毕业时，由于出身不好而未能被选拔去当中小学教师；又由于眼睛近视而"留城待业"，未能去"广阔天地"。后来被当地街道的相关部门安排去郊区修公路。一天的劳作后，我在工棚外漫步，当时正值春天，周围虽无春花烂漫，却也是满眼新绿，这是我走出校门后的又一个春天。一年复一年，这种"待业"生涯不知何时结束？前途渺茫，心中充满郁闷和不安。放眼大树小草和丛丛灌木上，一个个绿芽都使劲往上伸展着柔嫩的身躯。看到这生机勃勃的景象，我突然生发出一个奇怪而又很愚蠢的问题，为什么一切生命都在努力向上、向前，而不是向下呢？我无法找到答案，但获得了一种感悟：万物如此，我也应当如这些草木一样，积极向上，努力前行，积蓄力量，生长成才，静心等待着为国效力的那一天。有此感悟，竟然让我生出发奋向上、不甘颓唐的动力，心情似乎也好了很多。

时光流逝，四十多年前的情景如今却还记忆犹新。我虽至暮年，但当年的那份感悟似乎还留存着它的能量，只是经过岁月的磨炼和哲理的熏陶，我也进一步明白，努力向上不能没有身心健康和道德底线做为基础；而"上"和"下"更不应拘囿于有形有象的外在形态。叶片终将飘下，回归大地，这是事物成、住、坏、空的客观规律，落叶在以自己的方式滋养母土、孕育新一轮的向上；人们从工作岗位上退下，尽可不失"志在千里"的豪情；普通人亦可活出自我，"穷且益坚，不坠青云之志"。精神层面的不断提升，不甘沉沦，是更为珍贵的修身养性和身心双健的理想人生状态。

第三节 "冥游"释神天人合

中国先贤强调人与自然的和谐，追求天人合一的境界。这种天人合一的思维方式不仅形成了中国人对自然山水的独特爱好，而且产生了一种与天地自然相冥合，深度地融入自然山水而产生的想象，我将其称之为"神游"或"冥游"。普通人所进行的旅游或游玩常常是有目的的"游"，是主客两分状态下的"游"，而"冥游"是放下一切俗念，主客相合、与天地同体、与造化为一的特殊状态。这也类似于魏晋玄学家"玄对山水"的人生意境，将人的精神气韵与自然山水相融、相合，在一种平和、宁静、自然而然的心态中忘却自我，而与天地自然沟通融会，用徐复观先生的话来说，就是"以超越于世俗之上的虚静之心对山水；此时的山水，乃能以其纯净之姿，进入于虚静之心的里面，而与人的生命融为一体，因而人与自然，由相化而相忘"。这一状态可以使人的意念与自然达到某种欢契，使心神与尘世形成某种和谐，从而渐渐升华到天人合一的境界。明末清初著名画家和山水理论家恽南田将这种状态称为"天游"。对此境界，恽南田曾做这样的描绘："目所见，耳所闻，都非吾有。身如槁木，迎风萧寥，傲睨万物，横绝古今。不知秦汉，无论魏晋。"达到这种状态的"游"，就具有独特的心理调治功能。

这一点，在唐代著名文学家柳宗元的身上得到了充分体现。韩愈曾在《柳子厚墓志铭》中揭示柳宗元坎坷的人生对其文学成就的促进作用时说，柳宗元遭到贬斥固然不幸，但如果被贬时间不长（长达十年），人生不是极为穷困，他的文章决不会如此精妙而传于后世。但如果人生长期处于穷困潦倒的状态而不善于寻求精神慰藉和心理调节，恐怕也不可能长期保持恬淡平和的心态，而柳宗元所获得的精神慰藉很大程度上来自山水之乐。

柳宗元善于寄情山水以排忧解郁，在参与"永贞革新"却失败后，他被贬于永州，不久母亲就去世，自己也诸病缠身。在人生的低谷中，他从自然山水中寻求慰藉，"与自然相晤，与自我对话"，不仅发现了永州的自然美景，而且从浅层次的游玩、"散游"进入了更深层次的"冥游"；不仅更深程度地抚慰和治疗着他饱受创伤的心灵，也为他深层次地发现美、感悟美、将自然之美和山水之趣诉诸笔端奠定了心理基础。

在《永州八记》之首篇《始得西山宴游记》的一文中，他生动地记载了自己深度融入自然山水中以排遣忧愁的过程。文中说，他虽数次游历西山，但只有这次才真正体悟到"与造物者游""与万化冥合"的深层之游。他写道："穷山之高而止，攀援而登""凡数州之土壤，皆在衽席之下"，欣赏到"外与天际，四望如一"的邈远境界，进而进入一种更深层次的与大自然合一的境界，"悠悠乎与灏气俱，而莫得其涯；洋洋乎与造物者游，而不知其所穷。……心凝形释，与万化冥合，然后知吾向之未始游，游于是乎始。"人与宇宙的浩然之气融为一体，又如与造物者同游于天地之间，与万物冥合，形神皆忘，无拘无束，这是一种天人合一、物我两忘的"神游"。柳宗元突然醒悟，往日的形游根本未得游山之真趣，故曰"未始游"，而只有这种"神游"才达到了精神层面的回归自然、乐以忘忧的境界，从而排遣了被贬之后郁积于心头的"恒惴慄"的心理障碍，获得了心灵上的解脱。

在《钴姆潭记》之中，柳宗元借景抒怀，既表达着对"官租""私券"剥削民众的激愤和怀才不遇的苦闷，又徜徉于潭边听泉观月，"以见天之高，气之迥"，更加增添了以山水之乐排遣忧郁的人生经验，使他"乐居夷而忘故土"，久居荒凉边远之地却忘记思乡之忧，乐此不疲。

柳宗元的这种"冥游"活动虽然不能从根本上让他摆脱困境，但帮助他改善了心境，缓解了"恒惴慄"的不良心境。他身为司马一闲职而不能有实质作为，于是致力于文化事业，不仅写下了《永州八记》《捕蛇者说》《天说》《天对》《江雪》等千古名作，而且倡办官学、创办精舍，教化世人，尽己所能，造福一方。

柳宗元与大自然深度冥合而获得的"心凝形释，与万化冥合"之意境，其实是具有普遍性的某种人类感知。在时隔近千年的欧洲，法国著名启蒙思想家卢梭的身上也曾有过类似的情形。在法国文豪罗曼·罗兰所写的《卢梭评传》中，卢梭崇尚大自然，也喜爱流连于自然山水，在"他被陶醉于自然怀抱里的那几天，使他与宇宙混合为一体，他比任何西方人更能体会东方意义的完备的狂喜"。这里所说的"体会东方意义的完备的狂喜"，是指卢梭体悟中国天人合一之意境而获得的极度愉悦。据现代中国著名学者朱谦之先生《中国哲学对欧洲的影响》一书考证，卢梭与崇尚中国儒道思想的法国启蒙思想家狄德罗往来密切，故认为他的思想与道家有一定的相关性。考察这一问题虽超出了本书的内容，但这一案例显然在更广阔的意义上说明了深度融入大自然的康养价值，启示我们走进自然，在天人合一、与山水融合的"冥游"中，更深度地实现心灵的净化和疗愈。

第四节 "游心"越困得自由

先贤不仅从美丽的自然风光中寻求山水之乐，以排忧解郁，舒展本性，陶情养性，强健躯体，还创造出"神游""游心""卧游"等精神层面的"游"。如此，"游"的内涵及其怡情养性功能得到了更大的拓展，发挥着启智悟道、安顿身心的功效。接下来分析"游心"的康养功效。

在中国历史上，庄子可谓是"神游""游心"的首倡者。他在《逍遥游》中说："乘天地之正，而御六气之辩，以游无穷者。"意思是说，要顺应天地万物的本性，驾驭着六气的变化，遨游于无穷的境地；驾驭着天上的云气和飞龙，遨游于四海之外。展现出心灵层面的自由奔放，突破种种藩篱，进入神游于无限宽广的宇宙、"独与天地精神往来"的精神境界。这种精神上的彻底自由、任顺自然、忘掉自己的境界虽然是修养最高的神人方能达到，但它启示中国人开启辽阔的思想空间和适意的精神领域，"让人们暂时离开并且俯瞰这个世界，从而获得与这个世界之中不同的另外一个角度"（王博：《庄子哲学》）。

庄子的这种精神自由为后人寻找心灵的安顿提供了营养。于是，便有陶渊明为我们构筑的心灵净土和精神家园：有"芳草鲜美，落英缤纷"、男女老少皆"怡然自乐"的世外桃源，更有"结庐在人境，而无车马喧。问君何能尔？心远地自偏"的精神隐居。虽然身居闹市，但心灵可以超凡脱俗，放飞到远离尘俗的静谧山林。

这一智慧甚至也广泛地影响着下层民众。苏轼的朋友王巩（字定国）因受到乌台诗案的牵连而被放逐到岭南，王巩的妻妾都离他而去，但身为歌女的柔娘主动陪伴王巩流放。几年后，他们从那个荒凉艰苦的远方归来，柔娘却显得更年轻了。苏轼有几分惊异地问道，岭南的风土应该不是很好吧？柔娘淡定地回答说：心安定的地方，便是我的故乡。

苏轼十分感慨，因此而留下感人的《定风波·常羡人间琢玉郎》这首词，词中写道："万里归来颜愈少，微笑，笑时犹带岭梅香。试问岭南应不好，却道，吾心安处是吾乡"。相爱的人彼此相守，相互慰藉，共渡难关，此心安矣，任何艰难困苦皆甘之如饴。这一事例生动地彰显出心理安和、精神自由的重要性及其特殊的康养功能。

"游心"亦为现代人提供了超越困境、自我疗愈的良方。人生在世，会遇到很多困境和坎坷，"人向往自由，却无时不在牢笼中""人生不如意事，十常居八九"。这是对现实人生的真实总结。如果我们被现实所困，终日甘于身在困境，陷于泥潭谷底，那我们的人生就只能是一片灰暗。怎么办？庄子、陶渊明等先贤启示我们，我们还有能力"游心"，我们的精神是自由的，心可以自由地翱翔。"游心"也与现代西方意义治疗法的思路相契合。

意义治疗法是奥地利著名心理医生弗兰克创造出来的。这一治疗法曾拯救了世界上众多处于灾难困境中的人们，帮他们走出了阴影。弗兰克是一位犹太裔的心理医生，在二战时被法西斯关进了集中营。身陷牢笼，朝不保夕，毫无人身自由，但他突然体悟到，人类还具有"选择的自由"，人类有一种特殊的能力，即在遭遇外在刺激时，"人可以决定要采取怎样的态度来对待环境"，虽然身躯失去了自由，但可以自由地选择恰当的反应和应对的态度。他发挥想象的力量，想象自己超越牢笼，还能站在讲台上与学生分享这段苦难的经历。这种超越现实苦难而让"我心飞翔"的明智态度，可谓是西方智者的"逍遥游"和"游心"之方！运用"自我脱离"的精神超越法，他将自己从"环绕我们的灾难中脱离出来，化身其外而观之"。依靠这种精神的力量，他在牢笼中顽强地活下来，并且帮助了其他难友，最终健康地走出了纳粹死亡营，证实了"选择的自由"对于保持心理健康的积极作用。

可见，"游心"这一活动的确是疗心的良方。它启示人们，每个人都能发挥精神的力量，超越不如意的现实，超越眼前的困境，获得闲适自得的精神自由，找到自己的精神家园。

第五节 "卧游"娱情通天地

"神游"和"游心"是典型的精神自由，不受时间和空间的限制，是一种简捷、方便的精神调养方法。但是，它们毕竟是一种无形无象的"游"，无法满足人们观赏真实具体的山水景物的审美需求。为了弥补这一不足，我们还可以借鉴先贤的"卧游"这一方式。

所谓"卧游"，即是欣赏山水画以代游览，后来亦指坐看内容生动的游记、图片或纪录片等。"卧游"一词的最早提出者是南朝画家宗炳，《宋书·宗炳传》记载说，宗炳年老生病以后，回到了他的故乡江陵，一位画家不能到处观览名山大川美景，当然十分遗憾。无奈之中，他另有办法："老疾俱至，名山恐难遍睹，唯当澄怀观道，卧以游之。凡所游履，皆图之于室。"即将自己游历过的山水皆画下挂之于室内，摒弃杂念，静下心来，排除一切对功利欲望的计较和思考，使心灵处于一种虚静空明的状态，卧床观照，神游于室内的山水画中，从而体悟"大道"。通过这种观照，宗炳不仅得到了审美的愉悦，进而透过具象的图画实现了对宇宙本体——"道"的把握。"卧游"的方式也影响了之后的画家，成为唐宋以后中国文人们对哲学、对"道"的一种理解与境界，画家借此表达自己的生命感悟和人生智慧。随着时间的推移，"卧游"从最初的浏览或观画的身姿及其相应的思维活动演变为文人欣赏山水画的方式，同时也开始拥有供观画者游历山水的功能。如，当人们欣赏唐代著名画家、书法家唐寅的《山路松声图》时，面前展现出生机盎然的画面：苍劲的古松、飞流直下的瀑布、烟波浩渺的湖面、漂泊于水上的渔船，在悬崖峭壁的中间有一座木桥横跨于湍急的溪流之上，接续着通向远方的蜿蜒山路，一主一仆行走于木桥之上。置身于构图如此丰富的画面之前，观画者仿佛行走于寂静的山路，耳边犹闻松涛阵阵，江上的渔船随波起伏，让人顿生游山玩水的快意，难怪元代画家倪瓒在《顾仲赟来闻徐生病差（同瘥）》诗中吟道："一畦杞菊为供具，满壁江山作卧游。"

在中国文化发展的过程中，"卧游"的方式获得了更为丰富的内涵。明代前后，"卧游"从绘画中发展出来，延伸到其他艺术门类，如在诗歌、小说、戏剧创作中也占据了一席之地。它用艺术方式诠释着我国传统的老庄哲学，并且将这种洒脱超然的人生哲学演变为对自然平淡生活的表现。观照者的神思不仅要从自然山水和山水艺术的有限形态中超越出来，而且还要从自身的局限中突破出来，实现精神的无限自由，参加一场养心娱情的高级审美活动。

作为今天的普通观赏者，要从"卧游"中体悟到如此高深的审美境界恐怕有些难度。但是，这"卧游"对于受各种生理、环境、气候、时间等等因素的局限而无法出游的人们来说，无疑提供了一种极好的游玩方式。尽管不能亲历山水美景，但互联网技术的发展为我们提供了实现"卧游"的丰富资源和观赏条件。即使足不出户，也能通过网络和各种媒体提供的旅游资源超越现实的空间，"坐地日行八万里"，赏遍天上地下的万千美景，在观照、品味和欣赏之中获得审美愉悦和精神大餐，颐养身心。对于当下饱受新冠疫情之苦而被困家中的人们来说，恐怕更能够感到"卧游"的妙处了。

* * *

在现代社会，日益丰富的物质越来越将人们束缚在一个狭小的生活圈子中，与自然日益扩大的疏远感使人感觉钝化，心理功能产生障碍，从而可能导致人的异化。对此，我们要从这种异化中解脱出来，亲近自然，在绿水青山、鸟语花香、天高云淡的美景中，在自然生命之场中展现自我的纯真之性，回归到真实的自我，放飞心灵，开启身和心的健康之旅！

主要参考文献

[1]约翰·凯利. 走向自由[M]. 赵冉, 译. 昆明: 云南人民出版社, 2000.

[2]马惠娣, 刘耳. 西方休闲学研究述评[J]. 自然辩证法研究, 2001(5): 45-49.

[3]马斯洛, 等. 人的潜能和价值[M]. 北京: 华夏出版社, 1987.

[4]吕锡琛. 论中国先贤山水之乐的道德涵蕴及其现代启示[J]. 佛山科技学院学报, 2002(3).

[5]曹诗图. 旅游哲学引论[M]. 天津: 南开大学出版社, 2008.

[6]孙清廉. 旅游养生益身心[J]. 旅游与健康, 2009(9).

[7]蒋剑岚, 曹诗图. 试论旅游与养生[J]. 地理与地理信息科学, 2011(2).

[8]胡喆. 论养生旅游[J]. 现代商贸工业, 2011(4).

结　语

雅健休闲福寿长

　　著名美国休闲学专家依索·赫拉在《休闲与娱乐的社会心理学》中指出，休闲"为人们实现自我，追求高尚的精神生活，获得'畅'或'心醉神迷'的心灵体验提供了机会"。不过，笔者认为，"休闲"的前面还应加上"健康文明"这一定语，即"健康文明的休闲"为人格完善、精神升华和身心健康提供了机会。中式雅生活正是这种"健康文明的休闲"，它是中华先贤留给后人的宝贵文化遗产，是中华民族数千年来繁衍生息的生命智慧，是独步世界的健康文化瑰宝。

　　中国经典中蕴含的顺应自然、阴阳平衡、扶养正气、慈爱互助、虚静恬淡等智慧是滋养生命的良药；吟诗放歌能够抒怀平意、消愁励志；琴棋书画、拳茶游憩皆有助于怡情养性、健心强身。明白和践行这些生命智慧，我们的生命将更为澄澈、丰厚、美好、愉悦、健康和幸福；而千千万万这样健康和谐的个体生命，必将为社会带来温暖和清风，形成充满温情、和谐美好的家园。

　　因此，这些生命智慧不应只藏在书斋中，也不仅是让人仰望和羡慕的古圣先贤的闲情雅趣，而是可以穿越时空，可以鲜活起来，进入普罗大众的日常生活；它是优雅的、有文化品位的，但同时也是平实朴素且充满活力和愉悦的生活方式，可以滋润每个人的生命。

　　我们身处充满压力和竞争的现实世界，需从浪费、危害生命的状态中醒悟过来，珍爱生命，善待生命；放下心中的烦恼、忧郁、不安和孤独，出离尘世的喧嚣和躁动。在紧张劳累的工作之余，我们不妨或诵经，或吟诗，或长啸，或高歌，或挥毫，或抚琴，或静坐，或行拳，或品茗，或游憩，从中获得对于身心的抚慰和赋能充电，实现精神方面的愉悦和自由。

中式雅生活的空间是包容和广阔的，无论男女老少、士农工商，也无论贫富高下或强弱胖瘦，只要拥有一颗追求美好、优雅的心灵，向往提升精神品质和生命质量，都能找到适合自己的活动方式而乐游于其中。即使身居陋室，依然可以"调素琴，阅金经"，有丝竹以悦耳，缓案牍之劳形，"何陋之有"？而且，在这些活动中，人们也大可不必过分纠结于技巧或艺术水平，身心舒畅、愉悦开心，足矣。同时，在心灵放松、精神愉悦的状态下，往往可能得到意想不到的收获，这也是庄子所推崇的超越眼前功利的"无用之用"；也是休闲学家约翰·凯利和皮普尔所揭示的休闲活动中的"悖论"："越是不重结果，越可能产生重要的结果。"

笔者在前言中提到，中医泰斗邓铁涛先生曾构想未来医学的发展蓝图，他设想，以"医学、文学、美术、书法、音乐、歌舞、美食、药膳、气功、武术、健康旅游"等为重要组成部分的"保健园"将逐步取代医院的主要地位。这是国医大师基于中国传统医疗养生文化而提出的远见卓识，更是人类梦寐以求的健康生活理想。从某种意义上说，本书续接先贤优雅休闲的文化康养构想，恰似在为"保健园"或康养小镇的规划充实内容或探索某种落地践行方案！中式雅生活能让人们超越短暂的感官快乐而获得精神愉悦，通过有趣又有品位的休闲方式提升精神，安顿心灵，开拓胸襟，和谐人我，精神抖擞地面对生活与工作中的挑战，健康又优雅地过好每一天，幸福满满，寿乐百年！

后 记

本书完成于人类健康遭遇到很大威胁的特殊时期。突如其来的新型冠状病毒肺炎疫情，给人们带来一波又一波的恐慌和焦虑。虽然地处疫情并不严重的长沙，但饱受疫情之苦的人们同样牵动着我们的心！中国防疫部门提醒民众做好防护，尽量居家。一时间，人们闭户裹足，平日人群熙攘的大街空荡寂静，商铺紧闭……。然而，正是这段不寻常的时光，让我得以静心读书和写作，全身心地深入体味中式雅生活的温暖和魅力：中国经典的生命智慧、弦歌吟诵的雅韵、丹青涂抹的墨趣，都助我缓解和排遣着心中的无聊、恐慌和焦虑，给我带来精神上的安慰和乐趣！

感恩中国先贤留下了这些丰富多彩而又饱含生命智慧的休闲方式，感恩历代文人雅士用自己千姿百态的生命验证和绽放着这些文化瑰宝的无穷魅力，让子孙后代去学习，去感受，去体悟，从而得以滋润身心。

作为多年从事中国传统文化特别是道学文化的研究和教学的学者，笔者一直向往和践行以上那些优雅健康、高迈恬淡的休闲方式并多有受益。但是，将中式雅生活与健康养生结合起来并作为专题进行研究，却还是缘于2020年秋季的"健康中国·文明实践行"活动。这次活动由湖南省君子文化研究会和湖南省中医药管理局指导，由新浪湖南大健康平台、湖南世东医药公司等单位承办，它将建设健康中国与中国传统文化、中医养生紧密结合，这一思路也激发了我心中的灵感！中医重视情志养生，养心为上，治未病等调治思路实质上是追求人格健全、精神升华与道德修养、心理平和，这正与我多年从事的传统心性修养与健康、道家心理保健与养生等研究课题相通一致，也与我喜爱的雅健休闲方式高度契合，而党和政府推进的建设健康中国战略和大健康理念更是令我向往和振奋。于是，在反复思考并修改调整之后，我提出了"文化康养"这一概念及其相关理论和操作模式，并建议在湖南省君子文化研究会下面成立文化康养专业委员会，得到研究会会长李利君和执行会长魏忠胜等领导的赞同和支持；北京政邦智库副理事长、凤凰网顾问柳理先生建议我就文化康养的设想撰写成书；湖南省广播电视台广播传媒中心总监江航、新浪湖南大健康平台总经理郭培芳建议就此做成视频音频系列讲座……这些正是撰写本书的契机和起点。当本书即将问世之际，这是我首先要表达的感激！

研习中国传统思想是我的主业，学术界的师友曾给予我诸多教益和启示，这种感激之情将会永远深藏于心底；除了这一主业之外，在我人生的不同阶段，我也喜爱和学习过声乐、京剧、古琴、书法、国画、太极拳等技艺，先后得到原湖南师范大学艺术系声乐教授许德传、李诚，湖南省京剧团国家一级琴师张再峰，中南大学建筑与艺术学院教授、书法家罗红胜，及象书画院陈墨、曲寒山、欧阳青墨、澄怀、若明，中国画院朱德友，齐白石弟子崔马太，武当洞阳宗弟子胡少虬，古琴非物质文化遗产传承人丁雪儿等诸位老师的悉心指教，他们的指点让我的生命更加丰富、愉悦和温暖，也为本书的写作奠定了践行基础，这是我难以忘怀的。

在本书的写作过程中，中南大学湘雅二医院教授、中国心理救援分会会长、湖南省康复医学会心理康复专业委员会主委、湖南省茶文化研究会会长肖涛，湖南省肿瘤医院副书记、教授、临床心灵关怀学科带头人刘晓红等位专家运用茶文化进行心理救援和临床心灵关怀的经验，武当太极洞阳宗传人胡少虬博士关于太极拳技法的阐发，都进一步开拓了我的思路；香港中文大学原中国文化研究中心主任刘笑敢、中华孔子研究会会长王中江、新儒医分会会长徐仪明、中国社科院陈静、中南传媒副总经理(湖南省新华书店有限责任公司董事长)黄楚芳、原湖南教育出版社副社长聂乐和、凤凰网顾问柳理、中央美术学院美术史专家李建群、中南大学公共管理学院原院长左高山、中南大学建筑与艺术学院教授罗红胜和毛寒、第一师范学院美术学院副院长蔡惠萌，我的诸位博硕士，我的家人和兄弟姐妹，都分别对本书的选题、书名、内容以及雅俗各异的目录提出过宝贵的意见；这一切都让我感激不尽！

本书选题得到中南大学出版社副社长黄飞博士、人文出版中心陈应征主任的积极支持，责任编辑沈常阳老师提出通过二维码展现相关视频的建议也为本书生色，在校读清样的过程中，由于新材料和新想法的出现，本人对清样进行再三再四的多次修改，沈老师和出版社的相关工作人员表现出难得的宽容，付出了艰苦的劳动。武当太极功夫团团长、武当大学堂院长杜佰鸿、武当山白马峰杜松峰道长、古琴非物质文化遗产传承人丁雪儿、太极拳洞阳宗传人胡少虬博士分别为本书提供了相关视频资料，从而让本书更为丰富，生动和直观。在此，特向他们的支持和辛勤付出致以深深的谢意！

吕锡琛

2022 年 2 月于长沙梅溪湖寓所